リベラルアーツ言語学双書 2

シリーズエディター　岸本秀樹

日本語の逸脱文

～枠からはみ出た型破りな文法～

天野 みどり

はじめに

　小学生になる前のことです。母と超満員の電車に乗ってしまいました。走行中の車内は悲鳴や怒号の飛び交うひどい状況で、母の姿も見えなくなってしまいました。

　そのとき、「ここに小さな坊ちゃんがいます！」と誰かが叫びました。その声で、私の周りに空間ができました。母も安心したに違いありません。

　今でも覚えているのは、大きな大人たちに埋もれた中で聞いた、この「ここに小さな坊ちゃんがいます！」ということばです。自分が「坊っちゃん」と呼ばれたことに新鮮な驚きがありました。黒いコートが男の子に見えたのだと降車後に母から言われ、〈黒いコートを着ているのは男の子〉という慣習的な思考枠があることを明確に知る機会でした。

　この種の慣習的な思考枠は誤った思い込みを呼び、自由な心を押さえつける桎梏にもなりかねません。しかし、パターン化は私たちの日常的な活動の様々な場面で行われており、重要な貢献をする種類のパターン化ももちろんあります。本書で取り上げるのは、言語の生成や意味理解に貢献する、人々の慣習で形成された文法規則、中でも「構文」というパターンです。

　文法規則というと、どこかの誰かが「正しい規範」として制定した、犯してはならない規則のように捉えられがちで

す。しかし、本書は何が正しいかということは問題にしません。本書で考えたい文法規則とは、人々が日本語を使用する長い歴史の中で、少しずつ変化を生じさせながらも現代にまで受け継いできた、現代日本語の中に潜む規則性のことだからです。人々の使用の積み重ねにより自然とできあがり受け継がれてきた規則性です。これは、一人のことばとして見た場合、まず母語として習得され、その後の人生の中で様々な影響を受けて変化を起しつつ、次代へと受け継がれていくのが普通のことでしょう。このように、文法規則とは、流動的ながらも人々のコミュニケーション活動を可能にするだけの慣習化の認められる、文の形と意味についての規則のことです。これは、日本語を習得した母語話者なら誰にでも、既有知識として備わっているものです。それがどのようなものなのかを、本書で改めて考えてみたいと思います。

　文の形と意味についての規則、と述べましたが、文の意味とは何でしょうか。さきほどの「ここに小さな坊ちゃんがいます！」という文はどのような意味だったのでしょう。

　まず、考えられるのは「ここ」という発話者の近くの場所に、「小さな」「坊っちゃん」というような男の子が、「います」というように存在している、という意味です。これは、文を構成する各要素「ここ」「に」「小さな」「坊っちゃん」「が」「い」「ます」の意味を結びつけて得られるもので、一般的には文字通りの意味と言われるものです。これを〈文の意味〉と呼んでおきます。

　しかし、あの超満員電車の中での「ここに小さな坊ちゃんがいます」の意味はそれだけではありませんでした。その声

で私の周りに空間ができたように、周りの人には〈小さな子どもがここにいるから押さないでください〉の意味に解釈されていましたし、〈小さなお子さんはここにいるから、お母さんは安心してください〉の意味として母は解釈したに違いありません。そのように、あの超満員電車の中で不特定多数の人に向かって発話された「ここに小さな坊ちゃんがいます」には確かに〈注意喚起〉の意味があると誰もが理解したと思います。これは、特定の場面・文脈に照らして、文字通りの意味から推論して得られる言外の意味と言えます。こうした意味を〈発話の意味〉と呼んでおきたいと思います。

　〈文の意味〉はどのような場面・状況でも、その文が発せられれば伝達される、言語形式の持つ意味です。これに対して、〈発話の意味〉は、言語形式としては現れていないけれども、ある状況の中で推論される意味なので、発話された場面・状況・文脈が異なれば異なる意味となります。例えば、同じ「ここに小さな坊ちゃんがいます！」でも、次の場合はどうでしょうか。公園でかくれんぼをしているが、鬼はなかなか隠れている子どもを見つけることができない。困っているのを見かねた通行人が、ひそひそ声で鬼に発話した状況。こういう状況で「坊ちゃん」や「います」と言うのは少し違和感があります（筆者には改まりすぎと感じます）が、そこは置いておくとして、この場合の発話の意味は〈探してごらん〉であって、〈押さないでください〉では絶対にないでしょう。

　本書で問題にするのは、前者の〈文の意味〉です。日本語には様々な文の形があり、その形が違えば〈文の意味〉は異

なります。その文の形と意味の結びつきに関する、慣習的に築かれた文法規則を発見することが本書の目的です。後者の〈発話の意味〉は文脈や状況も加味して推論される意味であり、語用論という研究領域で主として研究されています。しかし、文法論と語用論は相互に関連しており切り分けられないものです。実際には、〈文の意味〉を理解するのにも文脈や場面に応じた推論は必要です。本書で〈文の意味〉を取り上げると言いながら、文脈や場面も見ているのはそういう理由からです。

　また、本書は、文法規則を発見するために少し不自然な日本語の文を考察します。少し不自然なのになぜ意味を理解できるのかを考えることにより、日本語母語話者の持つ文法規則がどのようなものであるのかを明らかにしていこうと思います。

　第1章は、本書での考察のために必要なアプローチについて述べた、文法研究の入門的な章です。第2章から第5章まで、第1章で述べたアプローチを使いながら、具体的に日本語の様々な文を取り上げ、その意味を考察していきます。第6章は本書で述べたかった重要なことをまとめた章です。

目　次

5 章　「のが・のを」と「のに・ので」の違い
──名詞性 ························· 143

6 章　文の理解と意味の創造──類推とは何か … 156

1章 文法的に文の意味を 考えるとは

🌸 1.1　正しいかではなく自然だと感じるか

　「はじめに」に書いたように、文法とは、人々の使用の積み重ねにより自然と形成される、文の形と意味に関する規則のことです。母語話者である皆さんは、その規則をすでに日々の言語使用の中で習得し、知っているのです。

　一方、その文法規則がどのようなものであるのかを改めてことばで説明しようとするのが文法論です。文法論は、研究者の言語観や研究目的の違いにより、様々なものが提案されています。

　すでに母語話者が知識として習得している文法は1つでも、それを説明しようとする文法論は、山田文法、松下文法、時枝文法、生成文法、認知文法…などのようにたくさんあります。皆さんが中学や高校の国語で学ぶいわゆる学校文法は、たくさんある文法論の中の一つに過ぎません。

　この違い、つまり、「研究対象である母語話者が既に持っている文法的知識」と「それを説明しようとする文法論」との区別を、まずは心に留めておきましょう。そして、これから本書を読み進めながら、皆さん自身の持つ文法的知識を改めて見つめ、暗記する文法ではなく「考える文法論の世界の探索」をしていただきたいと思います。

では、まず、皆さん自身の持つ、文の自然さに関する感覚を見つめることから始めてみましょう。実際に使われている日本語の文の中には、自然で違和感が全くないものから、少し不自然さを感じるが許容できるもの、不自然で全く許容できないものまで様々なものがあります。日本語に限らず、どのような言語であれ、実際に使われている文の自然さの程度はこのように連続的なものです。例えば、次の例文について皆さんはどのように感じるでしょうか。

（1）会社を<u>辞めさせていただく</u>ことになりました。

　近年このような「（さ）せていただく」の文がよく聞かれるようになりました。この文が、例えば、上司に向けて辞職の報告をするものだったとしたら不自然な感じはしないのではないでしょうか。しかし、近所の人から投げかけられた「最近どうしてる？」のような質問に対する答えだったとしたらどうでしょう。「実はですね、今度…」などのような前置きがあったとしても、「（さ）せていただく」を用いることに少し違和感があるのではないでしょうか。このように、同じ文でも、場面や文脈によって自然かどうかが異なります（「（さ）せていただく」のように表記しているのは、五段動詞にはその未然形に「せていただく」、その他の動詞ならその未然形に「させていただく」が付くためです）。
　この表現の自然さについて調査した菊地（1997）の研究を後で紹介しますが、まずは、菊地（1997）が取り上げる次の日本語の文について皆さんはどのように感じるかを

判断してみてください。

（2）（学生が教師に）すみませんが、先生の本を<u>使わせてい</u>
　　<u>ただけ</u>ないでしょうか。
（3）（近所の人に）私どもは、正月はハワイで<u>過ごさせてい</u>
　　<u>ただ</u>きます。

　（2）と（3）を比べると（3）の方が自然さが落ちると感じた
方が多いのではないかと思います。（2）（3）は（1）と同様、
どちらも「動詞」に使役の「助動詞」の「（さ）せる」と
「補助動詞」の「ていただく」を付けた言い方です。
　「動詞」とは、単語を文法的な機能から分類する「品詞」
の中の一つのグループです。「品詞」の考え方も研究者によ
り異なりますが、ここでは、中学校や高校で学ぶ学校文法の
立場から、「動詞」「名詞」「助詞」「助動詞」がどのような
グループなのかを簡単に見ておきます。

【1】動詞
　単独で述語になる。後に何が付くかにより形が変わり、言
い切りの形は「u」の音で終わる。
　例　動く・走る・壊れる・壊す・殴る・悲しむ・ある…
【2】名詞
　主語や目的語になり、「が」「を」などの助詞が後に付く。
　例　田中・男・女・学校・車・空・風・マナー・悲しみ…
【3】助詞
　それだけで主語・目的語や述語にならず、何かに付いて文

法的な意味を加える。形は変わらない。

　　例　が・を・の・さえ・すら・のに・けれども・わ・ぞ…

【4】助動詞

　それだけで述語にならず、動詞に付いて文法的な意味を加える。後に何が付くかにより形が変わる。

　　例　（さ）せる・（ら）れる・ない・た・らしい・だろう…

　また、「補助動詞」とは、他の動詞に付いて、文法的な意味を表すものです。例えば、「ている、てある、ておく、てもらう、ていただく」などがあります。これらは元々の動詞「いる、ある、おく、もらう、いただく」の持つ意味が希薄になり文法的な意味を表すようになったものです。例えば「食べている」の「ている」は〈動作の継続〉を表します。

　さて、［動詞＋（さ）せていただく］に戻りますが、菊地（1997）が社会人103人に行った調査によると、（2）を自然と判断した人は90人、不自然と判断した人は10人でした。しかし、（3）について自然と判断した人はたったの5人、不自然と判断した人は93人もいたということです。

　この判断の違いは、どこから生じるのでしょうか。

　［動詞＋（さ）せていただく］は、そもそも、使役を表す助動詞の「（さ）せる」と受益を表す補助動詞の「ていただく」が組み合わさったものなので、基本的には〈あなたから行為の許可をいただいてその行為を行う〉という意味を表すものです。

　（2）は先生の所有する本を使う行為なので、先生の許可をもらう必要があり、［動詞＋（さ）せていただく］を用いた

文を自然だと判断する人が多いのだと思われます。これに対して、（3）は、自分たちがハワイで正月を過ごすことについて近所の人の許可を得る必要はないと考えられるため、不自然と判断する人が多いのでしょう。

　冒頭で見た（1）「会社を辞めさせていただくことになりました」が、上司に報告する場合には自然で、近所の人に近況報告する場合には少し不自然に感じられるのも、会社を辞める行為の影響が上司にはあるけれども近所の人にはなく、行為の許可の必要度に大きな違いがあるためだと考えられます。

　それでも実際には、近所の人に対して（1）や（3）のような文も使われています。それは、あたかも近所の人の許可を得て辞職するとかハワイで過ごすなどのように言うことが、相手に配慮していることを表すことになるからでしょう。

　注目してほしいのは、菊地（1997）の調査で（2）も（3）も全員の判断が一致しているわけではないということです。人により、その行為が相手の許可を必要とするものであるかどうかについての判断は異なるでしょう。また、許可が不要だという判断は同じであったとしても、あたかも許可を得たように言うことが、「あなたのおかげで」といった気遣いを相手に感じさせ好ましいと思う人もいれば、そんなことについてまで相手をたてるような言い方をするのは謙遜しすぎで好ましくないと思う人もいるということでしょう。

❧ 1.2　文法研究とはどのような学問か

　このように、実際に使用されている日本語の文が自然かど

5

うかという判断は、同じ日本語母語話者であっても様々な理由により異なるものです。そのように揺れ動きながらも、多くの人が自然と判断する、または不自然と判断するという傾向は出てきます。多くの人が自然だと判断する文は、その文の形と意味の結びつき・その場面での文の使用が、十分に日本語使用社会で慣習化され、中核をなすに至っているということです。他方、そこから外れた特徴を持てば持つほど不自然だと判断する人が多くなりますが、それは、そのような文の使用が臨時的で、それらが周辺的な文だとみなされているということなのです。

　日本語文法研究は、このように多様な自然さをもって使われる日本語の文を観察し、その文の形に十分に慣習化され結びついている意味がどのようなものであるのか、日本語の文の形と意味に関する規則性がどのようなものかを明らかにする学問です。

　文法というと、正しい一つの文法が定められ、どこかに記述されており、それを暗記するものと捉えている方もいるかもしれませんが、そうではありません。日本語母語話者は誰でも、すでに日本語の文法、つまり、どのような形式を組み合わせてどのような意味を表すかについての知識を、豊富な言語使用の実践で習得しています。文法研究は、日本語母語話者の皆さんがすでに持っている文法的知識がどのようなものであるのかを、「品詞」「動詞」「主語」とか「使役」「受身」といった説明のためのことば（文法用語）を仮に作って、説明してみようとするものなのです。p.3では、「品詞」の考え方も研究者により異なると述べました。まず、言語の

実態があるのであり、その説明をどのようにするかは研究者の考え方により異なるわけです。「品詞」を丸暗記するような学習は日本語の文のしくみや規則性を解明する文法研究に必要なことではありません。こうした丸暗記学習の経験から文法研究を食わず嫌いにならないでほしいと筆者はいつも願っています。

　筆者のように日本語文法研究に従事していると、国語教育や外国人に対する日本語教育を目指す学生から「今の高校生はこういう文を使いますが正しい日本語ですか？」のような質問をされることがよくあります。自分の使っている日本語の文は正しいのだろうか、教育の現場でどのように教えたらよいのだろうか、と真摯に考えているのだと感じます。しかし、上で述べたように、日本語文法研究者が明らかにしようとしている規則性とは、現実に使われている日本語をありのままに見つめ、その中に見つけ出す規則性です。実際の日本語使用と離れた場所に人為的に制定されている規範的な規則ではありません。だから、専門家と言えども「この文は正しいか？」と問われたら「自分はこのような状況で使用されるこのような文を自然と感じるか」を自問し、「こういう理由で私には違和感がある」とか「違和感がなく自然な文だと思う」と答えるしかありません。日本語母語話者なら誰でもが持っている感覚（言語直観）で答えているのです。だから、同じ方法で、研究者ではない方々も判断できるはずです。一人一人、自身が生きてきた痕跡のように自分の中に築かれた言語直観を利用して、ぜひ、本書を読む時も、自分で「自然かどうか」を判断してみてください。「正しいかどうか」で

はなく、です。それは、暗記ではない、日本語の規則性を発見する文法論的な考え方を身につける第一歩です。

✤ 1.3　日本語の文の意味を研究する二つのアプローチ

1.3.1　内省判断調査とは何か

　日本語の文の意味を明らかにするのに重要な方法は、二つです。一つは、1.2 で述べた、言語使用者本人の言語感覚を観察する方法で、「言語直観による調査」とか「内省判断調査」などと言われるものです。もう一つは「実例観察」です。

　まず、ここでは、内省判断調査について説明しましょう。内省判断調査とは、言語研究者自身が持つ、当該言語の自然さや意味についての意識そのものを直接観察する調査のことを言います。母語話者は、母語についての適格性（文としての自然さ・容認性）や微妙な意味の違い等を、自身の内省に照らして判断することができると考えられており、その内観を根拠とした言語分析が有用であることは広く認識されています。

　すでに、例文（1）〜（3）の適格性を内省により判断してもらいましたが、次の（4）〜（7）についてはいかがでしょうか。

（4）私は太郎が花子をぶつ<u>の</u>を見た。
（5）私は太郎が花子をぶつ<u>こと</u>を見た。
（6）私は日本語がむずかしい<u>の</u>を学んだ。
（7）私は日本語がむずかしい<u>こと</u>を学んだ。

　(4)～(7)は、いずれも、[私は＋～を＋動詞述語]という形をしています。そして、これらの「～」の箇所には、文のような形（「太郎が花子をぶつ」「日本語がむずかしい」）が埋め込まれています。このように文の中に埋め込まれた文を「節」と呼びます。この節と「を」を結びつけるのに、(4)(6)は「の」が、(5)(7)は「こと」が用いられています。このような「の」「こと」は、節を名詞化して後に「を」が付けられるようにするので、名詞化辞と呼ばれることがあります（「を」は「太郎を」「日本語を」のように名詞に付き、文のような形に直接付くことはできません）。(4)～(7)は、日本語の名詞化辞の「の」「こと」の異なりを明らかにするために、久野（1973）で取り上げられた例文です。久野（1973）は、(4)～(7)の例文の文法性の違いを以下の(4')～(7')のように判断しています。なお、通常、内省に照らして容認できない例には＊マークが付けられます。また、容認不可ではないけれども、不自然さがある例には？マークが付けられることもあります。

(4') 私は太郎が花子をぶつのを見た。
(5') ＊私は太郎が花子をぶつことを見た。
(6') ＊私は日本語がむずかしいのを学んだ。
(7') 私は日本語がむずかしいことを学んだ。

　久野（1973）は、(4')～(7')のように、名詞化辞「の」と「こと」では当該文の文法性に違いがあると判断しました。そして、その文法性の違いから、「の」と「こと」の機

9

能の違いを以下のように説明しています。まず、「の」は、述語「見る」との適合が示すように、視覚などの感覚によって直接体験される具体的動作、状態、出来事を表す場合に用いられます。他方、「こと」は、述語「学ぶ」との適合が示すように、抽象化された概念を表すと説明しているのです。

このように、内省判断調査を用いた「の」・「こと」の研究では、例えば「見る」「学ぶ」のように、どのような動詞の場合に「こと」「の」をとり得るのかを観察することになります。まず、研究者自身の内省を用いて、「の」や「こと」と組み合わせられそうな様々な動詞を想起し、適格性を判断するためのテスト文を作成します。そして、それらの様々なテスト文の容認性を判断し、容認度の高い動詞の特徴を抽出します。そのような観察を経て、最終的に「こと」と「の」の異なりを明らかにするわけです。

また、どちらも容認される文の場合には、「こと」と結びついた場合と「の」と結びついた場合でどのように文の意味が異なるかを、これも内省により考察することになります。

以上のような方法で、研究者以外の方でも、例えば高校生でも、自分の言語直観を使って似た意味を持つ形式間の微妙な異なりを明らかにすることができるのです。

ところで、(4)〜(7)は「のを」「ことを」がどのような動詞と結びつくかに関し適格性を問う内省判断でした。他方、1.1で取り上げた「(さ)せていただく」の場合、〈許可を受けて行うという [(さ)せていただく] が持つ文法的意味〉に〈実際に表現される行為の意味〉が合うかどうかという適格性の他に、同じ文でも〈その相手や場面〉で〈使用

すること・運用すること〉が適格かという問題もありました。簡単に言うと、状況に関わらない文構造・文法上の適格性と、具体的な状況に関わる運用上の適格性があるということです。両者は絡み合うものですが、本書では、根本的な文の成立に関わる前者の構造的・文法的適格性を中心に取り上げていこうと思います。このように、適格性といってもそれに関わる要因は様々なものがありますが、いずれの場合も、母語話者が内省に照らして判断するという点に変わりはなく、この点こそがとても重要です。

1.3.2　実例観察とは何か

　1.3.1で述べた内省判断調査と並んで文の形と意味を研究するのに大変重要な方法として、実例観察があります。1.1で述べたように、実際の言語使用場面では、自然な文から不自然な文まで様々な文が出現します。実例観察は、その実態を調査することになります。

　1.3.1では内省判断によって名詞化辞の「の」と「こと」の違いを観察しましたが、ここでは、実例収集により観察してみましょう。ここでは、工藤（1985）の研究を取り上げます。

　工藤（1985）は自身でたくさんの小説から実例を収集し、以下のように①「の」をとる動詞、②「こと」をとる動詞、③「の」「こと」の両方をとる動詞に整理しています。以下はその抜粋です。以下の①②③それぞれの動詞の下位分類（ⅰ）～（ⅳ）等が工藤（1985）の研究成果であり独自性の現れということになります。まず、①「の」をとる動詞と

② 「こと」をとる動詞の研究結果を見てみましょう。

① 「の」をとる動詞
（ⅰ）感覚動詞（見る・見える・見物する・聞く・聞こえる
　　　　のような視覚・聴覚活動に関する動詞）
（8）伴子は、雄吉が手で草をむしっている<u>の</u>を<u>見</u>た。
（ⅱ）動作性動詞（待つ、手伝う、会う、直す、遅れるのよ
　　　　うな動き＝動作に関することを表す動詞）
（9）彼女は父の姿の現れる<u>の</u>を未だか未だかと<u>待っ</u>ていた。

② 「こと」をとる動詞
（ⅰ）思考動詞（思う、考える、信じる、疑う、理解するの
　　　　ような思考活動に関する動詞）
（10）君はもう子どもの生まれる<u>こと</u>を<u>考え</u>ているんだね。
（ⅱ）伝達動詞（言う、話す、聞く、書く、知らせる、伝え
　　　　るのような伝達活動に関する動詞）
（11）伸子は連れの待っている<u>こと</u>を<u>云っ</u>て断った。
（ⅲ）意志動詞（命じる、すすめる、禁じる、許す、望む、
　　　　決める、約束するのような要求・禁止・許可・願
　　　　望・決心等、様々な意志活動を表している動詞）
（12）しず枝に茶を入れ換える<u>こと</u>を<u>命じ</u>ておいて、
（ⅳ）表示動詞（示す、さす、証明する、ほのめかすのよう
　　　　な表示に関する動詞）
（13）われわれは人間が猿である<u>こと</u>を<u>証明し</u>ようとして
　　　　いるのか。

　以上の括弧内に示した具体的な動詞のリストを工藤（1985）がどのような名称で分類したかを確認しながら、どのように規則性が抽出できるかを考えてみましょう。

　①と②を比べると、「の」と「こと」では結びつく動詞に傾向の違いがあることがよくわかります。「の」と結びつく動詞はその場で体験する事態の知覚や、その場に起こる事態にどう対処するかを表すものと言えそうです。他方、「こと」と結びつく動詞は一度意識的に整理されたものごとに対する思考やその伝達を表す動詞と言えそうです。これは、久野（1973）が内省判断により「の」は「具体」・「こと」は「抽象」という用語を用いて説明したことと符合します。

　では、③の「の」と「こと」の両方と結びつく動詞とはどのようなものでしょうか。

③「の」と「こと」の両方をとる動詞
（ⅰ）認知動詞（発見する、感じる、知る、分かる、気づく、おぼえる、思い出すのような、感覚活動・思考活動・伝達活動等様々な活動の結果として、対象を認知することを表す動詞）
（14）彼女は隣室にバスと便所が一緒にある<u>の</u>を<u>発見し</u>た。
（15）金光坊は屋形の板の合わせ目に小さい隙間のある<u>こと</u>を<u>発見</u>した。
（ⅱ）態度動詞（喜ぶ、悲しむ、驚く、期待する、賛成する、否定するのような対象に対する、感情＝評価的な、あるいは知的な様々な態度を表す動詞）
（16）君が来る<u>の</u>を一番<u>喜ん</u>でいるのは僕の父なのだよ。

（17）だから貴方の来て下さる<u>事</u>を<u>喜ん</u>でいます。

（ⅲ）その他（やめる、よす、避ける、防ぐのような動詞）

（18）しかし、とっさの考えで、二人にそれをいう<u>の</u>を<u>や</u>
<u>め</u>た。

（19）私はその雑誌に投稿する<u>こと</u>を<u>やめ</u>た。

　　工藤（1985）の③を観察してみると、これらの動詞は、
具体的な体験的知覚や体験時の直接的な対応の意味として
「の」と結びつくことも、抽象的概念の思考や一旦整理され
た事態への対応の意味として「こと」と結びつくこともでき
る動詞と言えることがわかります。例えば、同じ「発見す
る」でも、「の」を用いた（14）の場合には体験的に登場
人物「彼女」がその場で知覚したことが表されているように
思います。他方、「こと」を用いた（15）の場合には、そ
の場・時から離れて書き手が説明する抽象的な事物を、登場
人物「金光坊」がその場で意識したように表されているとい
った微妙な違いがあるように思います。
　　また、工藤（1985）は例えば基本的には「こと」をと
る動詞「思う」が「にがにがしく」といった「感情＝評価
を表す形容詞」と組み合わさると全体で態度を表す動詞（対
象に対する、発話者の感情＝評価的な、あるいは知的な
様々な態度を表す動詞）のようになり、「の」をとることが
可能となることを示しています。

（20）彼は父が孫のために保守党の政治家に事件の解決を
依頼した<u>の</u>を<u>にがにがしく思っていた</u>。

（21）一人になった山上は苺ミルクを食べた<u>こと</u>をひどく<u>いまいましく思った</u>ことだろう。

　これは、「の」「こと」と結びつく動詞の選択が文脈から切り離された動詞単独の問題ではなく、その動詞とともにその文脈で用いられる他の要素も関わる問題であるということを示しています。文の意味がどのようなものであるかは、様々な要素との関わりで決まってくるものなのです。問題としている文について、文脈上共起する要素がどのようなものであるか、どのような傾向があるかといったことは、実例観察をしてはじめて気づくことも多く、こうした点からも、実例観察という研究手法は言語の本質をより深く明らかにする重要なものと言えます。

　近年では、コーパスが充実しつつあることから、研究課題によっては実例収集が飛躍的に容易になりました。膨大な例数を集めることも可能なため、特徴の傾向をより客観的に示すこともできます。国立国語研究所が公開している『現代日本語書き言葉均衡コーパス（BCCWJ）』『日本語話し言葉コーパス（CSJ）』『名大会話コーパス（NUCC）』等は、使用上のルールに従うことにより、様々な研究課題のために誰もが利用することができるようになりました。

　ただし、コーパスを用いる場合には、その特性をよく理解し、検索結果の解釈を見誤らないようにしなければなりません。例えば、コーパスは限定的なテクストの集合体であるため、研究課題によっては「実際には見聞きする表現なのに、あるコーパスには全く出現しない」場合もあります。例え

ば、近年よく聞く「大丈夫」を用いた断り表現は、飲み会等
への誘いを断る場面や、レジ袋が不要だと答える場面に偏っ
て出現するため、こうした場面の自然会話を収録しないコー
パスには現れません。こうした場合、研究者自身が生活する
中で当該表現を見聞きするたびに記録する方法でしか実例の
収集はできないかもしれません。

　このように、実例収集のしかたは、研究者自身が様々な言
語表現媒体を選び読解（聴解）しながら該当する実例を探し
ていく方法、既存のコーパスを用いて検索する方法、研究者
自身が日常的に体験する言語表現の中に見出していく方法等
様々です。

1.3.3　二つのアプローチは補い合うもの

　ここまで、内省判断と実例観察の二つの研究方法を紹介し
てきました。この二つのアプローチはそれぞれに良い点と悪
い点があり、相互に補い合う重要なものです。

　まず、内省判断調査の良い点として、第一に、考察するテ
ーマに応じた例文を研究者自身の能力によって豊富に作り出
すことができることが挙げられます。例えば、「の」「こと」
をとる動詞がどのようなものかを明らかにするために、あら
ゆるタイプの動詞を網羅的にテストすることができるので
す。実例観察では、どんなに調査を尽くしても網羅したと言
い切ることはできません。限られた範囲で行わざるを得ない
実例収集調査では、あると予想される実例が出現しない場合
もあります。こうした実例観察の欠点を内省判断調査はカバ
ーします。

　また、内省判断調査の良い点の二つ目として、「あるか無いか」という二分だけではなく、成立する文と成立しない文の間の連続性や質的な違いを明らかにできる点が挙げられます。実例観察では、当該の実例が「あるか無いか」「ある場合にはどのような率で現れるか」という数量的な調査結果については、そのまま受け入れるしかありません。あると予想される実例が出現しない場合もあるし、逆に無いはずと予想される実例が出現する場合もあります。全く不自然で、恐らく誤用だと思われる形式であっても、出現した事実を歪曲することはできず、数量の点では自然な形式と同等に一例として数えられることになるのです。

　また、すでに述べたように、言語は「あるか無いか」という二分で捉えるだけでは不十分であり、出現する実例であってもそれらには自然さ（文としての容認度）の違いがあります。言語は、典型的（自然）な形式から周辺的（不自然）な形式まで連続しているものなのです。実例収集調査でその連続性を明らかにするには典型的（自然）な形式はたくさん用いられ、周辺的（不自然）な形式はあまり用いられないという、頻度の違いとして間接的に示すことしかできません。この点、内省判断調査では、自然で容認できる・少し違和感を覚えるが容認できる・不自然で全く容認できないといった微妙な程度まで明らかにすることができます。

　他方、実例観察の優れた点は何でしょうか。それは、なんと言っても言語使用の実態を示すことにあると思います。言語研究の前に、まず、言語が使用されているという事実があります。その事実をよく観察することは、言語とは何かを追

究するすべての言語学研究にとって不可欠なアプローチ法です。

　内省判断調査では、研究者の内省に恣意性の混じる恐れがあります。もちろん、研究者が自身の結論に都合の良いように内省判断を変えることなど、研究倫理上絶対にしてはいけません。しかし、意図的ではなくても、その研究課題を深く考察している者だからこそ、内省判断にその影響が混じってしまう恐れはあるのです。そんな危険性をカバーする一つの方法として、実例があるのか、どのように使われているかといった言語事実の提示は有効です。言語の実態を根拠として、説得力を持って言語のしくみや規則性を論じることができるという点は、実例観察の強みです。

　さらに、実例観察は、既成の研究課題で造り上げられてしまう理論的な言語像を壊し、既成の研究にとらわれない、新たな考察の可能性を呼び起こす点でも重要です。研究者が俎上にのせる言語現象は、実は無限に生成される言語形式のほんの一部に過ぎません。それは、ある特定の研究課題の観点から切り取られた一部なのです。実際には研究者が思いも寄らない例が使用されています。見落とされていた関連言語現象が無数にあるでしょうし、新たな光のあて方をすれば、新たな言語のしくみや規則性を明らかにすることのできる実例がいくつも浮かび上がってくることでしょう。実例観察は、研究者が議論を重ねる言語現象の背後に考察されずに沈んでいる膨大な実例が存在することを、教えてくれるのです。

❦ 1.4　文法規則を明らかにする言語意識調査とは何か

　これまで述べてきた二つのアプローチ、「研究者自身の内省を用いる内省判断調査」と「実例観察」は、相互に不足を補い合うものであり、言語に潜む規則性を明らかにする言語研究にとってどちらも必要不可欠なアプローチです。これに対して、研究課題によっては、研究者本人以外の日本語母語話者を対象にその言語意識を問う調査が行われることがあります。これを言語意識調査と呼んでおきます。

　言語意識調査は、内省判断調査にとっても実例観察にとっても、その補足となる有効な点があります。

1.4.1　内省判断調査の補足となる言語意識調査

　前節で述べたように、一人の研究者の内省判断調査は、その内省に恣意性が混じる可能性を排除できません。個人の内省判断調査の妥当性を検証するために、研究者以外の母語話者の内省判断調査も行うことは大変有効です。

　なお、研究の目的上、内省判断調査を研究者以外の複数者に行うことが必須な場合もあります。それは、個人間の内省のゆれや文の慣習度・定着度の異なりを明らかにしたい場合です。

　そもそも内省判断は、全ての母語話者で一致することはありません。同じ日本語文であっても、地域や年齢等、日本語を習得する際の環境の異なりにより、当該の文を自然と感じるかどうか、その意味はどのようか等の認識には当然異なりがあります。つまり、研究者自身の内省判断に研究倫理上の落ち度が全くなかったとしても、もともと内省判断には個人

差があること、この内省判断の個人間のゆれも含めて、社会に流通する言語の実態だということを理解しておく必要があります。

　こうした個人間のゆれとしての内省判断の結果の連続性、すなわち、多くの母語話者に容認される文（a）・容認されない文（c）と、その間にある、容認性が人により異なりはっきりしない文（b）の連続性は何を示しているのでしょうか。（a）は、広く社会的慣習として十分に定着している文、（c）は社会的慣習として定着していない文、その間の（b）は十分に社会的慣習として定着しているわけではないけれども、その途中段階にある文と捉えることができます。特に、こうした内省判断の個人間のゆれ・文の定着度の異なりの要因を明らかにしようとする研究分野なら、協力者の選定も重要になってくることでしょう。例えば、地域差や年齢差、所属する集団の違いなど、社会的要因とヴァリエーションの関係を研究する社会言語学分野の調査では、協力者の属性に配慮し、1000人を超える協力者に対する、かなり大規模な調査もたくさん行われています。

　文法研究分野の本書には、協力者数が10人〜100人程度の言語意識調査の結果が出てきます。しかし、このような小規模なものでも、研究者個人の内省判断の妥当性を補強したり、文の容認性の個人間のゆれ・文の定着度の違いを確かめたりすることはできます。また、定着度の低い周辺的な文の容認度がどのような文法的知識に左右されるのかを探ることも可能です。

　まず、1.1で取り上げた［動詞＋（さ）せていただく］

について、複数の母語話者に言語意識調査を行った菊地
（1997）を詳しく見てみましょう。菊地（1997）は、
［動詞＋（さ）せていただく］の自然さに関し、社会人
103人を対象とした言語意識調査を行いました。この調査
で用いられた例文は以下の7例です。

（22）（学生が教師に）
　　　すみませんが、先生の本を使わせていただけないでし
　　　ょうか。
（23）（パーティーの出欠の返事で）
　　　出席させていただきます。
（24）（結婚式で媒酌人が）
　　　媒酌人として一言ご挨拶させていただきます。
（25）（結婚式での、新郎の友人のスピーチ）
　　　新郎とは十年来のおつきあいをさせていただいており
　　　ます。
（26）（同、新婦の友人のスピーチ）
　　　私は新婦と三年間一緒にテニスをさせていただいた田
　　　中と申します。
（27）（セールスマンが客に）
　　　私どもはこのたび新製品を開発させていただきまして
　　　…。
（28）（近所の人に）
　　　私どもは、正月はハワイで過ごさせていただきます。

　その結果は以下の表1の通りです。

表 1　[動詞＋（さ）せていただく] の自然さ（菊地康人（1997）
による）

例文番号	自然と判断（人）	不自然と判断（人）
(22)	90	10
(23)	86	13
(24)	78	21
(25)	58	37
(26)	40	50
(27)	17	76
(28)	5	93

　[動詞＋（さ）せていただく] は、動詞に使役の助動詞と
補助動詞の「ていただく」が付いた形式であり、動詞で表さ
れる発話者の行為について相手の許可を得ることを表すので
した。既に述べたように、(22)「先生の本を使わせていた
だけないでしょうか」はこの基本的な意味が表された文であ
るため、表1のように自然と判断する人が多かったのです。
　これに対し、この調査に先立つ菊地（1994）では、相
手の許可が必要でない行為であっても、あたかも相手の許可
を得たように捉えて表現する場合があるとして(23)が挙げ
られています。

(23)（パーティーの出欠の返事で）
　　　出席させていただきます。

　ただし、このように相手の許可が不要なのに、あたかも許
可を得たかのように捉えて表す場合には、「自分の範囲の中
だけで完結する行為」に用いられると「過剰で不自然」にな

るとの研究者個人の内省判断が菊地（1994）では示されています。つまり、(23)のように相手の許可が不要な場合には、自然な文から不自然な文まで多様であるという個人の言語直観が述べられているのです。そして、その不自然な例として菊地（1994）に挙げられているのが次の(29)です。

(29) 私ども○○社は、○○関係の商品の開発を<u>させていただいて</u>おりまして、お客様の快適な生活のために日々<u>努力させていただいて</u>おります。

　これは、菊地（1997）の、研究者本人以外に行った言語意識調査の(27)とよく似た例文です。

(27)（セールスマンが客に）
　　　私どもはこのたび新製品を<u>開発させていただきまして</u>…。

　つまり、菊地（1997）の言語意識調査では、それに先行して示された菊地（1994）の、研究者本人の内省判断結果を検証する形になっているのです。
　その結果はどうだったのでしょうか。表1を見ると、(27)の容認度は大変低く、菊地（1994）で示された研究者本人の内省判断の妥当性が裏付けられた結果となっています。全体的に見ても、103人に行った自然さに関する調査の結果、相手の許可を必要とする行為の(22)を先頭に、相

手の許可の必要が無い行為の中でも(23)から(28)まで「自分の範囲の中だけで完結する」度合いが高くなるほどに容認度が下がることが示されたと言えます。このように、言語意識調査は、研究者本人の内省判断の補強として有効な点があります。

　また、菊地（1997）の結果は、文の慣習度・定着度という点から捉え直すと、同じ［動詞＋（さ）せていただく］文でも、基本的で十分に慣習化されている(22)のような文から、基本から逸脱し、十分に慣習化・定着化されていない(28)のような文までが連続的であることが示されたと言えます。

　このように、研究者本人以外に行う言語意識調査も有効ですが、複数者の判断だからと言ってこちらが研究者単独の内省判断調査よりも正しいものだとは言えません。調査協力者の心の中でどのようなことが起こっているのかはわかりません。課題となる例文から何らかの手がかりをできるだけ感じ取り含意をくみ取ろうとする人もいれば、そうした手がかりを探そうとしない人もいます。また、文脈を多様に想像し容認できると判断する人もいれば、そうした文脈を想像せずに不自然だと判断する人もいます。それに、それらの個人の判断が、同じ人でも常に同じやり方でなされているとも限らないのです。もちろん、調査者側がこうした調査をできるだけ精密に行う工夫をすることが必要です。それでも、複数の調査協力者の内省判断のやり方が、個人の中でも個人間でも、同一である保証は無いことに留意し、その結果を評価する必要があります。

　ちなみに、筆者の研究の目的から考えると、調査協力者の内省判断のやり方が同じではないとしても、実際にコミュニケーションを行う話し手・聞き手は、まさに多様なやり方で発話し、意味理解するものと考えられるので、データとして無意味なものとは思いません。

1.4.2　実例観察の補足となる言語意識調査

　次に、実例観察のアプローチを補足するものとしての言語意識調査についても見ておきましょう。

　上述した［動詞＋（さ）せていただく］は、既に述べたように、使役の助動詞の「（さ）せる」の従来の接続規則により、「読む・書く」などいわゆる五段動詞には、「読ま＋せる」「書か＋せる」のように「せる」形が付くことが期待されます。「食べる・架ける」など、五段動詞でなければ、「食べ＋させる」「架け＋させる」のように「させる」形が付きます。ところが、［動詞＋（さ）せていただく］では動詞が五段動詞であってもなくても、すべて「させる」形を付ける例が増えていることが菊地（1994）で述べられています。これに関し、文化庁国語課は『令和2年度「国語に関する世論調査」』で「使用」に関する意識調査を行っています。

　『令和2年度「国語に関する世論調査」』とは、「現在の社会状況の変化に伴う日本人の国語に関する意識や理解の現状について調査し、国語施策の立案に資するとともに、国民の国語に関する興味・関心を喚起する」ことを目的とするもので、2021年3月4日〜3月29日の期間、全国16歳

以上の個人 6,000 人に対して行われた質問紙調査です（有効回答数（率）は 3,794 人（63.2％））。

　その調査の中に「Ⅳ　言葉遣いに対する印象や、慣用句等の認識と使用」に関するものがあり、そのうちの問 7 の質問文は「それぞれに挙げた二つの言い方のうち、あなたが普通使うものはどちらですか」というように、以下の例文に対する「使用」の意識を問うものとなっています。

（30）ア　明日は休ま<u>せ</u>ていただきます。

　　　イ　明日は休ま<u>させ</u>ていただきます。

（31）ア　今日はこれで帰ら<u>せ</u>てください。

　　　イ　今日はこれで帰ら<u>させ</u>てください。

（32）ア　担当の者を伺わ<u>せ</u>ます。

　　　イ　担当の者を伺わ<u>させ</u>ます。

（33）ア　私が読ま<u>せ</u>ていただきます。

　　　イ　私が読ま<u>させ</u>ていただきます。

　いずれも例文は五段動詞に使役の助動詞と補助動詞「ていただく」が承接したものであり、アは「せる」形、イは「させる」形を用いた例です。既述の通り、五段動詞に付く使役の助動詞形として確立しているのはア「せる」形ですが、結果は以下の表 2 の通りでした。

表2　五段動詞に付く（さ）せていただく形式の使用意識について
（文化庁国語課『令和2年度「国語に関する世論調査」』の結果の概要による）

例文番号	ア（せる）の言い方を使う（%）	イ（させる）の言い方を使う（%）	無回答
（30）	85.4	13.3	1.3
（31）	87.3	11.5	1.3
（32）	81.4	17.3	1.3
（33）	79.7	19.0	1.3

　表2からわかるように、五段動詞でありながら「させていただく」形式を使うと答えた人がそれぞれの例文に11.5〜19.0%はおり、菊地（1994）の指摘した状況が現在も継続していることが確かめられました。

　このような使用に関する言語意識調査は、世代・地域・性別等の言語使用に関係する様々な要因に配慮しつつ、膨大な数の母語話者の回答結果を得ることができる点で、実例収集よりも効率的であり補助的アプローチとして有効な側面もあるのです。

　ただし、こうした「使うか使わないか」を意識的に問う調査は、実例収集、すなわち「実際に使用されているかどうか」を調べる調査と同じように見えても、根本的に異なるものです。例えば、「あなたは「来月二日に会議を開かさせていただきます」という文を使いますか」という質問の結果は言語の使用実態そのものを示すと言えるでしょうか。こうした調査は、調査協力者自身が自分は使用すると「認識しているかどうか」を明らかにするものであって、直接その人が「使用するかどうか」を明らかにするものではありません。

調査協力者は様々な理由で実際には使用していても「使用しない」と回答してしまいがちです。例えば社会でその文が非規範的であるとされていることを知っている人は、実際には使っていても、それはたまたま間違って言ってしまっただけ、と考え、「使用しない」と回答するかもしれません。そもそも自分がそのような表現を使用していることに気づいていない人も多いでしょう。

　現代日本語文法研究において実際の使用状況を調査するなら、可能な限り実例収集のアプローチをとるべきだと思います。言語使用の実際の姿の中に、使用者も気づかない規則性が見出せると考えるためです。その補足として、こうした言語意識調査も有効だということです。

♔ 1.5　第 1 章のまとめ

　第 1 章では、文の意味を文法的に研究するとはどのようなことなのかを概観し、以下のようなことを述べました。

・文法とは、言語使用によりすでに母語話者が習得している、文の形と意味に関する規則のこと。
・文法論は、母語話者が習得している文法規則をことばで説明するもの。その研究者の言語観や研究目的により、様々。文法用語も様々。
・文の形と意味に関する規則を発見するのに、「内省判断調査」と「実例観察」という二つの研究手法がある。この二つは欠点を補い合っており、どちらも欠かせない。
・実際に使用されている文の自然さは、様々。十分に慣習化

されたものから、そうでないものまである。
・文が自然かどうかという内省判断は、母語話者間でも異なる。しかし、多くの人が自然と判断するなどの傾向はある。
・「内省判断調査」と「実例観察」を補足する研究手法として「言語意識調査」がある。

　実際の言語使用場面においては、容認度が低く、慣習化された文法的知識から何らかの点で逸脱している文も現れます。第 2 章以下で具体的に観察していきますが、母語話者は柔軟にそれらの意味を理解します。その過程で、母語話者は、特定の構文を鋳型とし、逸脱部分を補充したり変容したりするなどして、創造的に意味解釈していると考えられます。このような、逸脱的特徴を持つ文も含めた、日本語文の意味理解に貢献する文法的知識とはどのようなものなのでしょうか。そのことを明らかにするために、内省判断調査と実例観察という二つの研究手法は大変重要なものなのです。
　日本語学の研究においては日本語に関する調査が不可欠であることを学生に述べると、「調査と言えばアンケート調査」と思い込み、言語意識調査が不可欠であると誤解する学生がとても多いです。しかし、どのような課題かによって言語意識調査が必要であるかどうかは異なります。日本語文法論研究では、まずは自分の内省で言語の自然さについて考えてみること、そして実例をよく観察することが重要です。その上で、適切に言語意識調査を行うことが必要なのです。

【調べてみよう・考えてみよう】

1. 「の」「こと」と結びつく動詞がどのような動詞か、自身の内省判断や実例収集の結果から考えてみましょう。

2. 「～させていただきます」の自然さの判断を、複数の日本語母語話者に質問してみましょう。

3. 国立国語研究所のホームページで公開されているコーパスの概要を読み、コーパスがどのようなものかを学びましょう。

2章 | 自動詞文・他動詞文・受身文・使役文の意味

☙ 2.1 ヴォイスとは何か

第1章で観察した［動詞＋（さ）せていただく］のように、日本語は動詞の後に「（さ）せる」・「ていただく」など、様々な形式が続き、様々な意味を表すことができます。この章では、文の述語の部分に着目して、文の形と意味について考えてみましょう。

第1章では、「（さ）せる」は使役の助動詞だと述べましたが、第2章では、この「（さ）せる」の他、受身の助動詞の「（ら）れる」や自動詞・他動詞を用いた文について考えてみます。使役文・受身文・自動詞文・他動詞文は、「ヴォイス」という文法カテゴリーにまとめられ研究されています。まず、「ヴォイス」というカテゴリーはどのようなものなのかについて、考えておきましょう。

私たちが現実世界で経験する出来事は、ある時間・ある空間に起こった一つの出来事です。しかし、それをどのような言語表現にするかは実に多様です。

空港のラウンジから外を眺めていると、長い滑走路から次々と飛行機が飛び立っていきます。この一連の状況から何を切り取って一つの出来事として言語化する（＝ことばの形で表す）かは、発話者の捉え方によります。「たくさんの飛

行機が次々と離陸していく」のように複数の飛行機の動きを言語化する場合もあれば「弟の乗った飛行機が今飛び立った」のように、特定の飛行機の、一部の動きだけを切り取って述べる場合もあるでしょう。また、その特定の飛行機の動きを切り取って述べるにしても、その出来事と関係する様々なもののうちの何を中心として述べるかによっても、いくつかの言語化が可能です。そのような言語表現の違いも、発話者の捉え方の違いを示すことになります。次の例を見てみましょう。

（1）飛行機が滑走路の端に移動した。
（2）機長が飛行機を滑走路の端に移動させた。

　この二つの文は、「移動する」という同じ動詞を用いながら、何を中心にして出来事を捉えているかが異なる文です。（1）は、「飛行機」を中心にして「飛行機」の動きとして出来事を捉えていることを表し、（2）は「機長」を中心にして「機長」の動きとして出来事を捉えていることが表されていると言えるでしょう。どちらも、その出来事の捉えの中心を示しているのは助詞の「が」です。「が」の付いた名詞の示すものは、その出来事の中心要素として発話者に捉えられたものなのです。
　pp.3-4の【3】では助詞の大枠の説明をし、例として「が・を・の・さえ・すら・のに・けれども・わ・ぞ」などを挙げました。この助詞の中でも、名詞の後に付いて述語に対する主語・目的語などの文法的関係を表す助詞は、格助詞

と呼ばれます。

【5】格助詞

　文中の名詞に後接し、要素間の関係を表す助詞。文中の名詞と名詞の関係を示す「の」や、文中の名詞と述語との関係を示す「が・を・に…」などがある。

　　例　が・を・に・へ・と・から・より・で・の…

　文中の名詞が述語に対して持つ文法関係を「格」と呼び、格助詞の付いた「名詞＋が」「名詞＋を」等を「主格・目的格」等のように呼ぶことがあります。主格の名詞が示すのは、述語の表す出来事に中心的に関係するものです。目的格の名詞が示すのは、述語の表す出来事に、その影響が及ぶ対象として関係するものです。「が」は格助詞の中でも主格を表す助詞、「を」は目的格を表す助詞と呼ばれます。

　さて、さきほどの例文に戻りますが、（1）は「飛行機」に「が」が付いています。それに対して、（2）は「機長」に「が」が付き、「飛行機」には「が」ではなく「を」が付いています。それと同時に（1）の「移動した」という述語の形が、（2）では「移動させた」に変化しています。以下に再掲するので確認してみましょう。

（1）飛行機が滑走路の端に移動した。
（2）機長が飛行機を滑走路の端に移動させた。

　（1）（2）は、「飛行機」「滑走路の端」「移動する」という

共通の言語要素を持っていますね。「飛行機」という名詞を使う点は共通していますが、それを主格とするか（＝(1)）、目的格とするか（＝(2)）が異なり、それに応じて共通して用いられる述語の「移動する」の形が変化しているのです。このように、ある出来事を言語で表すのに、共通の名詞、共通の動詞を用いながら、その出来事の関係者や関係物のうちの何を主格として表すかが異なり、それに応じて述語の動詞の形態が変化するような一群の文を、「ヴォイス」というカテゴリーで関連付けて説明するのです。この節の冒頭で述べたように、受身文・使役文・自動詞文・他動詞文はこのヴォイスのカテゴリーで関連付けて考察される文です。つまり、この四種の文は、現実世界上の出来事としては同じものであっても、それを発話者がどのように言語化するかで、異なる捉え方をしたことが表し分けられる、一群の文だということです。

　ヴォイスは日本語だけではなく世界の多くの言語に見出されるカテゴリーです。それは、一つの出来事について様々な捉え方の違いを表現することがどのような言語においても必要とされているからでしょう。また、その表現のしかたとして、共通の名詞、動詞等を使い回すやり方が、その捉え方の違い（つまり出来事は同じでも捉え方が異なること）を相対的に示す点でも、効率的に生産・理解できる点でも、優れたやり方だからでしょう。

　では、日本語の受身文・使役文・自動詞文・他動詞文の意味の違いとはどのようなものなのでしょうか。

✤ 2.2　受身文の意味

2.2.1　警官が賊に襲われた―受身文の意味①

　まず、[〜が〜に＋動詞（ら）れる]という形式の、受身文の意味を考えてみます。

（3）賊が、警官を襲った。　　　　　（述語は他動詞の「襲う」）

（4）警官が、賊に襲われた。

　　　　　　　　（述語は他動詞の「襲う」＋受身の「れる」）

（5）選手が、審判を突き飛ばした。

　　　　　　　　　　（述語は他動詞の「突き飛ばす」）

（6）審判が、選手に突き飛ばされた。

　　　　　　（述語は他動詞の「突き飛ばす」＋受身の「れる」）

　（4）は「襲う」、（6）は「突き飛ばす」という他動詞に受身の形式「（ら）れる」が付いた受身文です。ここでは他動詞のことを、他者に働きかける動作を表す動詞で、働きかけの対象を表す「〜を」と結びつく動詞としておきます。他方、自動詞は、働きかけの対象を表す「〜を」を必要としない動詞です。

【6】他動詞

　他者に働きかける動作を表す動詞で、働きかけの対象を表す「〜を」と結びつく動詞。

　例　探す・調べる・触る・叩く・食べる・考える・話す

　　　焼く・なくす・沈める・壊す・暖める・曲げる・割く

【7】自動詞

働きかけの対象がなく、「〜を」と結びつかない動詞。

例　座る・寝る・騒ぐ・泣く・あくびする・光る・着く
　　焼ける・なくなる・沈む・壊れる・温まる・曲がる

　（3）と（4）は〈賊が動作の起こし手で、襲うという動作を、警官に対して行った〉という意味関係は同じですが、（3）は動作の起こし手である「賊」を中心にして、（4）は動作の受け手である「警官」を中心にして表現した文と言えます。

（3）　賊 が、警官を襲った。
（4）　警官 が、賊に襲われた。

　（5）と（6）も同様に、〈選手が動作の起こし手で、突き飛ばすという動作を、審判に対して行った〉という意味関係は同じです。現実世界上で行った出来事としては同じものでも、動作の起こし手である「選手」を中心にして表現したのが（5）であり、動作の受け手である「審判」を中心にして表現したのが（6）だと言えます。

（5）　選手 が、審判を突き飛ばした。
（6）　審判 が、選手に突き飛ばされた。

　このような受身文は、「〜が」で表されるものが直接的な動作の影響を受けたことを表す文だと言えます。このような

受身文を「直接受身文」と言います。直接受身文の特徴として重要な点は、「〜が」で表される受け手（例：「警官」「審判」）が、その対応する他動詞文の中でも、「動作の対象」という出来事の関係者として、「〜を」などでしっかりと表現され得るということです。図 1 のようにです。

図 1　直接受身文

　（3）〜（6）の観察からわかるように、他動詞を用いた日本語の直接受身文は、他動詞文との関係から以下のようにまとめることができます。

　①対になる他動詞文の「〜が」が「〜が」以外の形となり、他動詞文の「〜を」が「〜が」の形になる。
　②対になる他動詞に、受身の形式「（ら）れる」が付く。

2.2.2　雨に降られた―受身文の意味②

　興味深いことに日本語の受身文はこのような直接的な影響の受け手を「〜が」で表すものだけではありません。

（7）中国チームが、金メダルを決めた。
（8）日本チームが、中国チームに金メダルを決められた。

　例えば、体操の団体戦で、日本チームがライバル視してい

た中国チームが金メダルを確定させたときの表現だとします。(7)は［～が～を＋他動詞］という形の文ですが、(8)の受身文は(7)との関係が先の図1のようなものではありません。

図2 間接受身文

　中国チームは〈金メダルを決める〉という動作を「日本チーム」と無関係に行っています。そのため、「決める」という他動詞の文(7)は、「中国チームが日本チームに金メダルを決めた」などのように受け手となる日本チームを一文の要素として表現することができないのです。(8)の受身文は、「決める」という動作に直接関係しない者（＝日本チーム）を「受け手」として表すことにより、〈直接的な動作の働きかけを受けたわけではないけれど、間接的に影響を受けた〉ことを表しているのです。これを「間接受身文」と呼びます。

　間接受身文は、動作の起こし手が働きかけを意図していないのに、その動作の結果、「～が」で表される人物が影響を受けたように表現されているものと言えます。そのため、次の例のように、動作の対象を持たない自動詞からも作ることができるのです。

38

（9）あの先生が、受講生に一番前の席で寝られた。

　　（受講生が一番前の席で寝た。）

（10）私たちが、雨に降られた。

　　（雨が降った）

　（9）は自動詞「寝る」に、（10）は自動詞「降る」に「（ら）れる」が付いた受身文です。受講生は勝手に寝ているだけですし、雨は私たちに影響を与えようとして降っているわけではありません。しかし、受身文を使うことにより、「〜が」の人物が間接的な影響を受けたことが表されます。間接受身文は受け手の「迷惑」が表されるものが多いため「はた迷惑の受身」と言われることもあります（三上（1953））。

　しかし、直接受身文にしても間接受身文にしても共通点があります。それは、「〜が」が出来事の影響の受け手であり、意図せず、出来事が身にふりかかってきた意味を表すということです。これが、日本語の受身文の形の意味と言えます。

❦ 2.3　使役文の意味

　次に、［〜が＋〜を（に）＋動詞（さ）せる］という形式の使役文の意味を考えてみましょう。

　「使役」という単語の一般的な意味は、『岩波国語辞典第七版新版』には次のように記述されています。

　　他人を使って仕事（＝役）をさせること。特に旧軍隊

で、任務以外の雑用をさせること。その仕事。「炊事場
に―に出す」

　つまり、一般的な「使役」という単語は、例えば「開墾の
使役のために成人が集められた」のように、非常に強い力
で、行動を強制する意味を表します。しかし、「（さ）せる」
という助動詞は「使役」の助動詞と呼ばれながら、こうした
強制の意味を表すだけではありません。次の文はどのような
意味でしょうか。

（11）父が、いやがる真実を留学させた。
（12）父が、希望を聞き入れて、真実に留学させた。
（13）父が、黙って、真実に留学させておいた。

　（11）は、真実の意志に反して留学することを父が強いて
いるので、〈強制〉の意味です。他方、（12）は、むしろ留
学は真実の希望であり、意志に反する〈強制〉の意味はあり
ません。これは〈許可〉を与える意味と言えます。さらに、
（13）は、強く働きかけて留学させる〈強制〉でもないし、
希望を受け入れて留学させる〈許可〉でもありません。父は
何もしておらず、真実の自由にさせておく〈放任〉と言える
ような意味です。
　〈強制〉〈許可〉〈放任〉と様々な意味を表しますが、いず
れも、使役文の「～が」は、他者に向けて行為を行う、意志
を持った動作主を表すという点は共通しています。〈放任〉
も、何も行為をしないという行為を意識的にしており、「～

が」にはその責任があると言えます。

　さらに、使役文には次のような表現もあります。

（14）大谷選手がチャップマンにホームランを<u>打たせて</u>し
　　　まった。

　大谷選手は、打たれたくないのですが、チャップマンがホー
ムランを打ったのは、自分に責任がある、自分に原因があ
るといった意味が感じられます。この（14）は、大谷選手の
意志に反した出来事の招来を表すので、その点では受身文の
意味に似ています。

（15）大谷選手はチャップマンにホームランを<u>打たれて</u>し
　　　まった。

　どちらも意に反して、という意味合いが伝わりますが、使
役文の（14）の場合には〈責任〉〈原因〉の意味があること
が（15）と比較するとよくわかります。つまり、（14）の場
合にも、「～が」が出来事の起こし手であるという使役文の
意味が認められるのです。

　使役文には、意志の無いもの（例えば（16）の「乾燥した
空気」）が「～が」となる表現もあります。これも〈原因〉
を表しています。

（16）乾燥した空気が火事を拡大させた。

責任がある・原因がある、といった意味の場合は、動作を
引き起こす意志は無くても、その出来事を引き起こしたもの
として表されている点では、〈強制〉〈許可〉〈放任〉の場合
と同じです。

　このように使役文は、「〜が」の積極的な意志があるもの
から無いものまで、広く、様々な意味を表します。積極的な
意図が無い場合には受身文の意味に近いものもありますが、
受身文が「事態がふりかかってくる・事態を受ける」ことを
表すのに対して使役文は「事態を引き起こす」ことを表すと
いう違いがあります。

　受身文は、働きかけの受け手を「〜が」で表現する文でし
たが、使役文は、動作の起こし手を「〜が」で表す文です。

🙋 2.4　他動詞文の意味
2.4.1　他動詞文と使役文の意味の違い

　2.3で見てきたように、使役文は［〜が＋〜を（に）＋
動詞（さ）せる］という形で「〜が」がある出来事を引き起
こす意味を表すのでした。この〈引き起こす〉意味の点で使
役文によく似ているのが、他動詞文です。例えば、次の
（17）は［動詞「立つ」＋使役の助動詞「せる」］の形式の
使役文、（18）は他動詞「立てる」を用いた他動詞文です
が、意味はとてもよく似ています。

（17）俊彦**が**、砂山を固めて、そこに棒**を**立たせた。
（18）俊彦**が**、砂山を固めて、そこに棒**を**立てた。

　どちらも「俊彦」が「棒」に働きかけて「棒が立つ」という出来事を引き起こしており、他者「棒」への働きかけを表す点では同じなのです。

　ただし、使役文と他動詞文は全く同じ意味ではありません。使役文の場合には、「棒」が自立するように手助けした意味合いが感じられますが、他動詞文にはそのような意味合いが感じられません。使役文は「〜を（に）」で表される動作の対象（＝「棒」）の自律的・自発的な動作と、「〜が」で表される動作主（＝「俊彦」）の使役動作の二つの意味があるように感じられますが、他動詞文では「〜が」の動作主の起こす動作の意味しか感じられないということです。

◇使役文の意味　…主体の立たせる動作＋対象の立つ動作
◇他動詞文の意味…主体の立てる動作

　この意味の違いは、例えば次のような副詞的要素（動作の意味を詳しくする修飾要素）がどの動作の意味を詳しくするかという点から確かめられます。

（19）校長が急いで生徒を集まらせた。
（20）校長が急いで生徒を集めた。

　使役文の(19)は、「校長」が急いで、生徒たちを集める動作をした意味と、「生徒」が急いで集まるように「校長」が動作をした意味の二つの場合が考えられますが、他動詞文(20)の場合は、「校長」が急いだことしか表せないでしょ

う。

　このように、他動詞文は、使役文と比べると、働きかけの対象となる人や事物の意志や自律性に頓着せずに、強制的に働きかけることを表すものと言えます。しかし、そのような他動詞文も、次節で見るように多様な意味を表します。

2.4.2　祖父を癌で亡くした―働きかけの無い他動詞文

　2.3では、使役文と言っても、〈強制〉〈許可〉〈放任〉〈責任・原因〉と、積極的な働きかけの意味があるものから無いものまで様々あることを見ましたが、次の文のように他動詞文にも積極的な働きかけの意味が無いものがあります。

（21）太郎が、祖父を癌で亡くした。
（22）私たちが、空襲で家財道具を焼いた。

　これらは「亡くす」「焼く」という他動詞からなる文でありながら、働きかけの意味は無く、次のような自動詞「亡くなる」「焼ける」の文とよく似た意味を表しています。

（23）太郎は（が）、祖父が癌で亡くなった。
（24）私たちは（が）、空襲で家財道具が焼けた。

　これらは、「癌」や「空襲」という、「～が」の意志の及ばない何ものかが原因で起こってしまった事態を表す他動詞文なのです。これら「空襲で家を焼いた」のような文を「働きかけの無い他動詞文」と呼んでおきましょう。

　働きかけの無い他動詞文には、使役文「大谷選手がチャップマンにホームランを打たせた」に見られるような〈責任・原因〉の意味すらありません。(21)の〈祖父が亡くなった〉原因は「癌」だし、(22)の〈家財道具が焼けた〉原因は「空襲」であり、「太郎」や「私たち」はその事態の責任者でも原因でもないのです。第三者が「お気の毒なことに太郎さんはおじいさんを癌で亡くしました」と言う場合、「太郎」の責任をとがめるような意味合いは全く感じられないでしょう。また、〈責任〉を表す使役文は「大谷選手がチャップマンにうっかりホームランを打たせた」のように言えますが、(21)(22)は「うっかり」といった過失を表す副詞が共起することもできないのです。

(25)　*太郎がうっかり祖父を癌で亡くした。
(26)　*私たちが、うっかり空襲で家財道具を焼いた。

　このように、普通は、他動詞文とは他者に対する働きかけを表すものと言われますが、その中には、実は「〜が」が事態の引き起こし手ではなく、働きかけの意味が全く無いもの、そのために、自動詞からなる文とほとんど同じ意味を表すものがあるのです。
　では、このような他動詞文は、自動詞文とどのように異なるのでしょうか。また、なぜ、自動詞文と同じような意味を他動詞文で表すことができるのでしょうか。
　まず、働きかけの意味の無い他動詞文を観察して、その特徴を考えてみましょう。第一に、働きかけの無い他動詞文を

作る他動詞に着目してみます。

（27）太郎が、祖父を癌で<u>亡く</u>した。
（28）私たちが、空襲で家財道具を<u>焼い</u>た。
（29）次郎が、敵に殴られて前歯を<u>折っ</u>た。
（30）気の毒にも、三郎が昨日の台風で屋根を<u>飛ばし</u>たそうだ。

　（27）～（30）は、いずれも「～が」で表される者が事態の引き起こし手ではなく、他者への働きかけの意味が無い他動詞文です。これらを作る他動詞「亡くす」「焼く」「折る」「飛ばす」を観察してみると、その他動詞自体には、「～が」（＝主体）の〈動作〉の意味と、「～を」（＝対象）の〈変化〉の意味の二つの意味があることがわかります。例えば「焼く」は、〈何かが焼ける〉という変化が生じるように〈誰かが動作する〉という意味です。「私たちはコンロでさんまを焼いた」という文では、〈さんまが焼ける（＝対象の変化）〉ように〈私たちがコンロで焼く（＝主体の動作）〉という二つの意味が表されています。
　「～が」で表される主体の〈動作〉の意味と、「～を」で表される対象の〈状態変化〉の意味の二つが含まれる他動詞を「状態変化他動詞」と呼ぶことにします。

【8】状態変化他動詞
　　例　焼く・なくす・折る・飛ばす・沈める・壊す・流す・崩す・割る・切る・いためる・曲げる・割く・降ろ

　す・動かす・落とす・並べる・立てる…

　（27）～（30）が示すように、働きかけの無い他動詞文の
他動詞は、状態変化他動詞ばかりであることに気づきます。
　他動詞には、対象の〈状態変化〉の意味が無いものもあり
ます。例えば、次の（31）～（34）の他動詞文の「探す」「調
べる」「触る」「叩く」には、主体の〈動作〉の意味がある
だけで、対象の〈変化〉の意味は含まれていないでしょう。
例えば（31）の「探す」は、何かを見つけようとあちこちを
見たり触ったりしている動作の様子を表すだけで、その動作
の結果、「証拠」がどのように変化するのかは全く表しませ
ん。と言うより「証拠」自体は変化しないのです。

（31）村山刑事は、証拠を探した。
（32）私たちは、家財道具を全て調べることにした。
（33）次郎は、前歯を触った。
（34）三郎は、屋根を叩いた。

　このような、主体の〈動作〉そのものがどのようなもので
あるのかを表すだけで、その動作の結果の、対象の〈状態変
化〉を表さない他動詞を「動作他動詞」と呼ぶことにしま
す。

【9】動作他動詞
　　例　探す・調べる・触る・叩く・撫でる・掻く・投げる・
　　　　打つ・蹴る・食べる・吸う・吐く・飲む・読む・話

す・聞く・見る・褒める・考える・思い出す…

　興味深いことに、こうした動作他動詞を用いた他動詞文
は、その主体が動作の直接的な動き手であり、その出来事を
引き起こした者の意味しか表せません。(31)は村山刑事自
身が探すという動作をしていることを表すだけであり、「空
襲で」とか「台風で」といった、他に原因がある意味を表す
ことはできないのです。

　このように、他動詞文でありながら主体の働きかけを表さ
ない文は、その他動詞が状態変化他動詞であることが必要な
のです。

　もう一つ、主体の働きかけの無い他動詞文を観察していて
気づくことがあります。それは、「〜が」で表される主体と
「〜を」で表される対象には、所有者と所有物のような密接
な関係があることです。

(35)　太郎が、祖父を癌で亡くした。
(36)　私たちが、空襲で家財道具を焼いた。
(37)　次郎が、敵に殴られて前歯を折った。
(38)　気の毒にも、三郎が昨日の台風で家の屋根を飛ばし
　　　たそうだ。

　実際に手で持つ意味ではありませんが、「太郎は祖父を持
っている」「私たちは家財道具を持っている」と言えます
し、「前歯」は「次郎」に生えているもの、「家の屋根」は
「三郎の自宅」に備わっているものですので、いずれも、対

象が変化することによって主体が影響を受けるような、所有
物（対象）とその所有者（主体）といった密接な意味関係が
あると言えます。

　こうした密接な意味関係が無いと、次の（39）〜（42）が
示すように、主体はその事態に直接関わる引き起こし手とし
ての解釈しかできません（考察している意味では成り立たな
いことを＃で表します）。

（39）＃ <u>太郎</u>は、見ず知らずの人を癌で亡くした。
（40）＃ <u>私たち</u>は、見ず知らずの人の<u>家財道具</u>を焼いた。
（41）＃ <u>次郎</u>は、見ず知らずの人の<u>前歯</u>を折った。
（42）＃ <u>三郎</u>は、見ず知らずの人の<u>家の屋根</u>を飛ばしたそ
　　　うだ。

　以上の観察から、他動詞文でありながら、主体が引き起こ
し手ではなく、主体から対象への働きかけの意味が無い表現
には、その他動詞が「状態変化他動詞」であることと、主体
と対象の間に、所有者と所属物のような「密接な意味関係」
があることが必要なことがわかります。

　では、どうしてそのような条件が必要なのでしょうか？

　まず、状態変化他動詞であることが必要な理由を考えてみ
ます。働きかけの無い他動詞文とは、主体の所有物のよう
な、主体と密接な関係にある対象が変化することによって、
その所有者である主体自身も状態変化することを表すもので
す。これは、その他動詞が、主体の〈動作〉とともに対象の
〈状態変化〉も表す状態変化他動詞であることによって、主

体の動作の意味を限りなく働きかけの無い意味—ここでは
「〜を所有する」「〜を持つ」のような意味と考えておきま
す—に薄めることができるからだと思います。他方の動作他
動詞の場合には、主体の動作がどのようなものであるのかを
表すことこそが重要であり、この動作の意味を薄めることは
できないのです。

　このことを図でイメージしてみます。動作動詞の場合は、
主体の実質的な〈動作〉の意味を希薄化・抽象化し、主体を
動作主以外の意味（抽象的な、意図の無い〈原因〉や〈状態
変化所有者〉）にすると、動詞の主要な意味を失うことにな
るため、意味の希薄化はできません。図３では×としまし
た。

図３　動作他動詞の意味の希薄化

　他方、状態変化他動詞の場合には、主体の実質的な〈動
作〉の意味が希薄化・抽象化しても、対象の〈状態変化〉の
意味があるので他動詞文として成り立ちます。実質的な〈動
作〉の意味は表さなくても、主体が事態を間接的に引き起こ
した〈原因〉であることや、主体が対象の状態変化を所有す
る〈状態変化所有者〉として、〈状態変化〉の意味を残した
他動詞文の表現の余地があるのです。

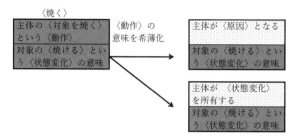

図4　状態変化他動詞の意味の希薄化

　また、主体と対象の間に、所有者と所有物と言えるような密接な意味が必要なのはなぜでしょうか？

　働きかけの無い他動詞文で表される主体と対象とは、働きかけが無いのだから、「動作の起こし手」と「その動作を受ける対象」といった対立のあるものではありません。この場合の主体と対象は、〈主体が客体の変化を所有する〉といった、動作性の薄い関係でつながっている二者です。その意味に見合うように、「～が」は所有者、「～を」はその所属物のように解釈する必要があるのです。

　例えば、（43）の文にある「アルネ・ヤコブセン」とは何かがわからなくても、文脈上、この文を主体の働きかけの無い文として解釈しなければならないならば、「太郎が持っていた何物か、例えばアルネ・ヤコブセンの作った椅子か？」などと推測することになるでしょう。

（43）太郎は、空襲でアルネ・ヤコブセンを焼いた。

　これまで見てきた、他動詞文でありながら主体の働きかけ

を表さない文とは、状態変化他動詞を用いて、主体と対象の間に密接な意味を見出して解釈される文、つまり主体が対象の変化を所有する意味の他動詞文です。

2.4.3　働きかけの無い他動詞文を自動詞文と比べる

働きかけの無い他動詞文（例えば(44)(45)）は、次のように自動詞からなる文（例えば(46)(47)）とほとんど同じ意味を表すと言いましたが、全く同じ意味を表すわけではありません。

(44) 太郎が、癌で祖父を亡くした。（他動詞）
(45) 私たちが、空襲で家財道具を焼いた。（他動詞）
(46) 太郎が、癌で祖父が亡くなった。（自動詞）
(47) 私たちが、空襲で家財道具が焼けた。（自動詞）

働きかけの無い他動詞文とよく似た意味を表す自動詞文(46)(47)は、一文の中に「太郎が」と「祖父が」、「私たちが」と「家財道具が」のように、二つの「〜が」が現れています。そのため、二重主格文などと呼ばれます。二重主格文の述語は、自動詞に限らず、他動詞や名詞や形容詞など様々です。

(48) 象が、鼻が長い。（形容詞）
(49) 東京都が、人口が約 1400 万人だ。（名詞）
(50) 都内の大学が、職員が受験生を警護した。（他動詞）

教養検定会議の二つの双書　新刊・既刊

判型はすべて新書判、2021 年から刊行を開始しています

新刊 *リベラルアーツ言語学双書 3*

「やわらかい文法」

定延利之 著 / 3 月 10 日発売 / 定価 1500 円＋税

フツーの人たちの「ちょっと面白い話」を 600 話も集めてビデオに取り、字幕を付けてウェブ公開した「ちょっと変わった言語学者」の楽しい文法書 / キャラ（状況次第で非意図的に変わる人間の部分、…）/ きもちの文法（きもちを表せば発話が自然になる？）/ 心内表現における自己 / 他者の区別（自己らしさの減衰、アニマシーの退色…）/ 発話の権利とコミュニケーション（責任者/体験者の特権性…）/ 人々の声（空気すすり、口をとがらせた発話、口をゆがめた発話、…）

新刊 *リベラルアーツコトバ双書 6*

「ウクライナ・ロシアの源流　―スラヴ語の世界―」

渡部直也 著 / 4 月 10 日発売 / 定価 1500 円＋税

戦争の時代にスラブ語の研究をしている若手著者による貴重な記録。初の単行本。
/ スラヴ諸語とは？/ 中欧・東欧言語紀行（スラヴ諸語の歴史と地理）/ スラヴ語の世界：ЯはRじゃない！（文字について）/ キーウとキエフは何が違う？/ 動詞の「顔」と「体」/「ありがとう」を伝えよう /「看護婦」や「女教師」は差別？/ 言語と国家、戦争 / 今ウクライナで起こっていること

ことばに関する幅広いトピックを気軽に読めるシリーズ

★ リベラルアーツコトバ双書

1　日本語のふしぎ発見！　～日常のことばに隠された秘密～

岸本秀樹 著 / 定価 1000 円＋税

内容の理解を深めるイラスト 48 枚を収録

2　言語学者、外の世界へ羽ばたく
　～ラッパー・声優・歌手とのコラボから
　プリキュア・ポケモン名の分析まで～

川原繁人 著 / 定価 1000 円＋税

本シリーズのベストセラー

3 中国のことばの森の中で
〜武漢・上海・東京で考えた社会言語学〜

河崎みゆき 著 / 定価 1500 円＋税

中国社会言語学に関する初の日本語の入門書。中国語が
わからなくても読め、社会言語学の概念や用語、そして
ことばと社会の関係を、関連するエピソードや研究を通
してわかりやすく解説。

4 jsPsych によるオンライン音声実験レシピ

黄竹佑・岸山健・野口大斗 著 / 定価 1500 円＋税

ウェブブラウザを使用したオンライン音声実験の入門書。対面実験が再開さ
れつつあるなかでも、地理的・時間的制約が少なく、コストや効率の面でも
色あせないオンライン実験。魅力的な実験手法をあなたの新たなレパート
リーに。

5 自然言語と人工言語のはざまで
〜ことばの研究・教育での言語処理技術の利用〜

野口大斗 著 / 定価 1500 円＋税

コンピュータが言語を生成できる時代にことばとどう付き合うべきか？ プ
ログラミング言語（人工言語）とことば（自然言語）のはざまで生きること
を余儀なくされたわたしたちが、AI とひとくくりにして言語処理技術をブ
ラックボックスにしないために。

言語学を本格的に学びたい方へ、わかりやすく解説するシリーズ

★ リベラルアーツ言語学双書

1 じっとしていない語彙

西山國雄 著 / 定価 1000 円＋税

2 日本語の逸脱文
〜枠からはみ出た型破りな文法〜

天野みどり 著 / 定価 1000 円＋税

2024 年 3 月現在、近刊『未来の言語学入門』岸山健 著　2024 年 12 月刊

　二重主格文(46)〜(50)は、文脈を考慮せずに一文だけを観察すると、「〜が、〜が」と二つの主格が連続するのが不自然で、「〜は、〜が」とした方が自然だと思う人がいるかもしれません。そして、中には、「象が、鼻が長い」は「象は、鼻が長い」の誤りだと考えてしまう人もいるかもしれません。

　しかし、これから述べるように、「〜が〜が述語」文と「〜は〜が述語」文は別の意味を表す、別の構文であり、用いられる文脈・状況が異なるものです。どちらかが正しいというものではありません（独立した別の構文だとしても［〜が〜が述語］文の方に不自然さが感じられるとすればそれはなぜか、ということは、この節の後の方で考えてみます）。

　［〜が〜が述語］文と［〜は〜が述語］文の違いとは、「が」と「は」の違いということに尽きます。実は、「が」と「は」はともに主語を表す助詞と言われますが、異なる文法的役割を持っているものなのです。

　「が」は格助詞に属し、述語との意味的関係として主格の意味を表すものです。「が」「を」などの格助詞は、それが付く要素が述語とどのような意味的関係を持つかを表すという重要な役割を果たしています。主格の「〜が」・目的格の「〜を」が必要な他動詞、主格の「〜が」だけが必要で、目的格の「〜を」とは結びつかない自動詞、のように、述語によって必要な格は定まっています。［名詞＋格助詞］と述語が結びついたまとまりは、文の骨格を表すのです。

　これに対して、「は」は「とりたて助詞」の仲間です。とりたて助詞とは、格の意味とは関係なく様々な要素に付い

て、その要素に対比・累加・限定などの特別な意味を持たせるものです。

【10】とりたて助詞
　様々な文中の要素に付いて、その要素を対比・累加・限定などの意味でとりたてる助詞。
　　例　は・も・こそ・さえ・すら・でも・しか・など・くらい…

　「は」は、「〜が」でも「〜を」でも、副詞でも、様々な要素をとりたてることができます。例えば、次の(52)は(51)の文の「太郎が」を、(53)は「妹に」を、(54)は「ろうそくを」を「主題」としてとりたてています。

(51)　太郎が妹にろうそくを立てさせた。
(52)　<u>太郎は</u>、妹にろうそくを立てさせた。
(53)　<u>妹には</u>、太郎がろうそくを立てさせた。
(54)　<u>ろうそくは</u>、太郎が妹に立てさせた。

　このように「は」は格の意味にかかわらず様々な要素に付くことができるわけで、格助詞とは異なることがよくわかります。
　「主題」とは「〜について言えば」というような意味で、その後に述べる事柄が何についてのことなのかを提示します。つまり、「が」は主題を表さないけれども、「は」は主題を表す、という違いがあるのです。例えば次の名詞述語文

（55）と（56）はどのような意味の違いがあるでしょうか。

（55）永井氏が、**議長**だ。（＝**議長**は誰か？）
（56）**永井氏**は、議長だ。（＝**永井氏**はどのような人か？）

「が」の文の（55）は〈**議長**は誰かというと、永井氏だ〉の意味を表し、「は」の文の（56）は〈**永井氏**はどういう人かというと、議長だ〉という意味を表しています。
　「が」の文は、〈議長は誰か？〉という問いかけの意味が想定でき、その問いかけに含まれる「議長」を述語で表して解答を「〜が」で表しています。
　それに対して、「は」の文は、〈永井氏はどのような人か？〉という問いかけの意味が想定でき、その中にある「永井氏」を「〜は」で表し、解答を述語で表しています。
　このように、「が」と「は」は役割が異なり、それを用いた文の適切な文脈・状況も異なってくるので、安易に［〜が〜が述語］文は［〜は〜が述語］文の誤り、などとは言えないわけです。
　では、以上の考察をふまえて、二重主格文［〜が〜が述語］文の例を観察してみましょう。

（57）象が、鼻が長い。（形容詞）
（58）東京都が、人口が約 1400 万人だ。（名詞）
（59）都内の大学が、職員が受験生を警護した。（他動詞）

　これらの文の意味を観察すると、（57）は〈鼻が長いとい

う性質を持っているものは何かというと、象だ〉、(58)は〈人口が約 1400 万人であるという特徴を持っているのはどこかというと、東京都だ〉、(59)は〈職員が受験生を警護したという特徴を持っているものは何かというと、都内の大学だ〉という意味に解釈されると思います。

　注目したいのは、二重主格文を［X が Y が述語］と表すと、いずれも、［Y が述語］の部分（例えば「鼻が長い」）がひとまとまりになり、X（例えば「象」）の性質や特徴を表す一つの述語として働いているということです。まるで一つの主格の「永井氏が議長だ」における「議長だ」のようにです。

(60) 象が［鼻が長い］。
(61) 永井氏が［議長だ］

　つまり、「象が、鼻が長い」のような二重主格文は、二重に主格があるとは言っても、一つの述語に二つの主格が結びついているわけではないということです。第二の主格は後続の述語と結びついて［Y が述語］というひとまとまりを構成します。そして、第一の主格は、この［Y が述語］全体で作られる、いわば臨時的な述語と結びついているのです。

　二重主格文の述語となるものは名詞・形容詞・自動詞・他動詞と多様です。しかし、そのいずれも［Y が述語］全体で X（第一の「〜が」）についての静的な性質や状態・特徴を表し、X の動的な動作を表しているわけではありません。そこで、筆者は、二重主格文とは、一つの主格の文［〜が名詞

述語］文を基にして、その名詞述語の部分を［Ｙが述語］という節で表すように拡張したものだと考えています。
　さて、他動詞文の中でも、「〜が」が引き起こし手ではなく、働きかけの無い他動詞文の場合、自動詞を用いた二重主格文とほぼ同じ意味を表すのでした。

（62）太郎が、癌で祖父を<u>亡くした</u>。
（63）太郎が、癌で祖父が<u>亡くなった</u>。
（64）私たちが、空襲で家財道具を<u>焼いた</u>。
（65）私たちが、空襲で家財道具が<u>焼けた</u>。

　「亡くす」（他動詞）を「亡くなる」（自動詞）に、「焼く」（他動詞）を「焼ける」（自動詞）にしてもほぼ同じ意味を表すということは、他動詞の持つ他者に対する働きかけの意味が無いということを表しており、とても興味深いことです。働きかけの意味がある（66）の場合は（67）のような対応する自動詞文は成り立ちません。

（66）薫が、目玉焼きを一生懸命焼いた。
（67）＊薫が、目玉焼きが一生懸命焼けた。

　しかし、働きかけの意味が無いとはいえ、他動詞文の（62）と二重主格自動詞文の（63）、他動詞文の（64）と二重主格自動詞文の（65）とは異なる意味を表すと思います。
　働きかけの無い他動詞文の意味は、主体が、密接な関係にある何者かに起きた状態変化を所有し、自身も状態変化して

いるという意味だと述べてきました。

　では、〈状態変化〉の自動詞を持つ二重主格文(63)(65)はどのような意味なのでしょうか。

(63) 太郎が、癌で祖父が亡くなった。
(65) 私たちが、空襲で家財道具が焼けた。

　(63)は「癌で祖父が亡くなった」という全体が臨時的な述語となり、「太郎」が、そういう性質・特徴・状態である人だという意味を表しているのではないでしょうか。また、(65)は「空襲で家財道具が焼けた」という全体が臨時的な述語で、「私たち」が、そういう性質・特徴・状態である被災者だといった意味を表していると言えるのではないでしょうか。「象が鼻が長い」など、自動詞以外の述語を持つ二重主格文全体に共通した意味と照らし合わせても、そのように説明するのが妥当だと思います。

　つまり、自動詞を述語とする二重主格文の場合、第一の「〜が」の表す主体そのものの動的な〈状態変化〉を表しているのではないということが、働きかけの無い他動詞文と大きく異なるのです。

(68) 太郎が、癌で祖父を亡くした。
　　　→太郎が〈状態変化〉したことを表す＝動的
(69) 太郎が、癌で祖父が亡くなった。
　　　→太郎が、ある〈状態〉であることを表す＝静的

　ところで、この節の冒頭（pp.52-53）で、二重主格文の容認度について触れました。二重主格文を不自然だと感じる理由を、ここまで述べてきたことをふまえて考え、整理しておきたいと思います。

　二重主格文を不自然だと判断するのには、二つの理由があると思います。

　一つ目は、「太郎が、癌で祖父が亡くなった」のような［〜が〜が述語］文を文脈から切り離して一文として観察した場合、不足感があり落ち着きが悪いという理由です。「太郎は、癌で祖父が亡くなった」のような［〜は〜が述語］文にはそのような不足感は無いにもかかわらず、です。この不足感は、「は」は主題を表すけれども「が」は表さないという違いから来ていると思います。それは、一つの主格の文の「永井氏が議長だ」が「永井氏は議長だ」に比べて落ち着きが悪く感じられるのと同じことです。

　筆者は、「永井氏が議長だ」のような名詞や形容詞を述語とする「が」の文は、文内に主題が無く、主題の意味は先行文脈に求めなければならないものなので、「文内情報完結度」（一文内でひとまとまりの情報が完結する度合い）が低い文だと位置付けています。二重主格文もそうです。これらの「が」の文は、先行文脈に提示される主題と合わせて情報が完結するような文なのです。文法研究の対象である文には、このように、一文としての完結度の高いものから低いものまであり、完結度が低いからと言って誤った文だとは言えないわけです。内省判断を行う人によっては、課題文には無い先行文脈や状況をあれこれ想像し、「『鼻が長いのは何？』

などと聞かれた場合だったら自然」のように判断する人もいるでしょう。

　しかし、二重主格文は文脈の支えがあってはじめて十全な意味を表す文なのだと理解しても、やはりそれとは異なる観点から容認度が下がると判断されることもあるのではないでしょうか。もう一つの容認度の低さの理由は、二重主格文が一つの主格の［〜が名詞述語］文を基にしており、その述語部分を、臨時的にさらにもう一つの主格を持つ［〜が述語］で表すという拡張が起こっている点にあると思います。

　本節でも「臨時的に」ということばで説明しましたが、述語の役割を果たす［〜が述語］は単語ではなく、「〜が」と「述語」のあらゆる組み合わせで作ることが可能です。この柔軟さは、「主語に対するどのような性質を表す述語として機能しているのか」がよくわからない文を作り出す可能性も含んでいます。例えば次の(70)(71)の二重主格文では、一文の情報だけからすると(70)の方が容認度が高いと感じられるのではないでしょうか。

(70) 太郎が、母が芥川賞を受賞した。
(71) 太郎が、母が歩いた。

　〈母が芥川賞を受賞した〉ということは、「太郎」の性質・特徴、状態に関して、〈希有な母を持っている人だ〉とか〈息子として誉れ高い〉などといった描写をしていることが文脈が無くても理解しやすいと思います。他方、〈母が歩いた〉ということが「太郎」のどのような性質・特徴や状態

を表しているのかは、これだけだとよくわかりません。例えば太郎の献身的な訓練のおかげで母が奇跡的に歩けるようになった、などの文脈や状況を知っていれば〈息子として素晴らしい〉とか〈太郎は感動的な状況にいる〉といった意味に解釈することが可能になるといった具合です。

　次の第 3 章以降の逸脱した文の考察では、〈類推〉という概念を用いて、逸脱文は基になる文から離れるほどに容認度が下がることを詳しく見ていきますが、この二重主格文も、基となる［〜が名詞述語］文の、主体の性質・状態や特徴を表すという意味との合致が困難になるほど、容認度が下がるのだと思われます。

　さて、この節では、同じ他動詞文と言っても、主体の直接的な働きかけの意味を表すこともあれば、主体の働きかけが無く、他の原因で起こった主体の状態変化の意味を表すこともあることを観察しました。他動詞文の意味は典型的な〈働きかけ〉の意味から〈原因〉〈状態変化の所有〉のように周辺的なものまで幅広いものなのだということがわかりました。

✤ 2.5　第 2 章のまとめ

　第 2 章では、ヴォイスに属する受身文・使役文・他動詞文の意味を考察しました。また、他動詞文との比較で、自動詞を述語とする二重主格文も考察しました。要点は以下の通りです。

・ヴォイスとは、出来事の関係者のうち何を「が・を・に」

などの格助詞で表すか、そしてそのことによって文の述語の形がどのように変わるかという観点から、一群の文の関係性を知るために括られたカテゴリーのこと。

・「が」は出来事の中心を表す格助詞。

・受身文・使役文・自動詞文・他動詞文の異なりは、発話者が出来事の何を中心として捉えたかの異なりを示す。

・受身文は〈直接受身〉と〈間接受身〉、使役文は〈強制〉〈許可〉〈放任〉〈責任〉〈原因〉の意味、他動詞文は〈主体から対象への働きかけ〉の意味があるものと無いもの、のように、それぞれの形式も多様な意味を表す。

・以上のように表す意味は多様でも、各形式の基本的な意味は保持されている。

【調べてみよう・考えてみよう】

1. 自動詞文・他動詞文にどのようなものがあるか、実例を収集して調べてみましょう。その上で、自動詞と他動詞を以下の点で分類してみましょう。さらに、分類の観点を自身で設定して分類してみましょう。

・意志を持った者が主格になるか。

・意志を持たない者が主格になるか。

・その他動詞文は「〜が」の動作と「〜を」の状態変化の意味を持つか。

・その自動詞文は「〜が」の動作の意味か、「〜が」の状態変化の意味か。

2. 次の例文の ab のペアには、どのような意味の違いがあ

るでしょうか。また、それぞれには、どのような文脈・場面が考えられるでしょうか。本書の用語を使いながら説明してみましょう。

　（1）a　議長は自然と静まるまで野次らせるつもりのようだ。

　　　　b　議長は自然と静まるまで野次られるつもりのようだ。

　（2）a　新人が一票差で勝った。

　　　　b　新人に一票差で勝たれた。

3．とりたて助詞の実例を収集し、どのような意味でとりたてられているかを観察してみましょう。

❦ 3.1　逸脱的な「のを」の文とは

　第2章で述べたように、「が・を・に」といった格助詞は
述語と結びつき、文の骨格を形作る働きがあります。この第
3章では、格助詞の「を」が「〜のに」「〜けれども」など
の接続助詞に近づいているように見える、逸脱的な「のを」
の文を観察していきます。

　接続助詞は、複数の節をつなぎ、一文にする働きをする助
詞です。

【11】接続助詞

　述語に付いて、前件の表す事柄と後件の表す事柄とをある
意味関係で結ぶ働きをする助詞。
　　例　ので・から・ば・て・つつ・ながら・のに・けれど
　　　　も・が・ても・たり・と…

　この章では、接続助詞の中でも、〈逆接〉や〈対比〉の意
味を表す次のようなものが関連します。

（1）電話には出る<u>のに</u>、一言もしゃべらない。
（2）今日は晴れた<u>けれども</u>、明日は朝から雨のようだ。

（3）北向きの部屋はとても寒い<u>のに対して</u>、南向きの部屋
　　はぽかぽかと暖かい。

　では、このような接続助詞に近づいて見える逸脱的な「の
を」の文とはどのようなものでしょうか。
　次の文は、イタリアのヴェネツィアの河岸を散策しその古
い歴史に思いをめぐらす随筆に出てくる一文です。

（4）その日も、<u>アドリアーナは私の宿泊先のホテルまで送
　　ってきてくれた**のを**</u>、まだ時間があるから、このザッ
　　テレの河岸を散歩しようということになったのだった。
　　　　　　　　　　　　　　　　　　　　　　　（「地図」）

　文脈の流れに沿って読み進めているときには気づかないか
もしれませんが、改めて一文を読んでみると、この文には少
し違和感があるように思います。それは、下線部の「〜の
を」の「を」が格助詞だとすると、それと結びつく他動詞が
後続の中に現れないためだと思われます。文の意味は〈ホテ
ルまで送ってきてくれたのだけれども〉のような感じだと誰
もが理解できるでしょう。このような「のを」は、実際の文
章の中にいくつも見つけることができます。
　次の例は、昭和の戦争時代に女学校の卒業を迎えたことを
追想した随筆の中にある一文です。

（5）<u>というのも、その年、国民総動員ということで、ほん
　　とうは五年制だった女学校を四年で卒業になり、おま</u>

けに入学が決まっていた東京の学校が三月の空襲で焼けて自宅待機ということだった**のを**、ちょうど家の近くに疎開して来た、療品廠という海軍の医療品をあつかう部門で四月から働くことになっていたからだった。

（「ヴェネツィア」）

　この(5)は、状況を説明するための言葉が次々と継ぎ足されて展開する幾分長い一文ではありますが、継ぎ足される流れに沿って読み進めているときには意味の理解に支障はないでしょう。しかし、改めて観察すると、「のを」の後ろには「働く」にしろ「（働くことに）なっていた」にしろ自動詞しかなく、「のを」の「を」が格助詞だとすると、それと結びつく他動詞が無いことに気づきます。これも、意味的には〈自宅待機ということだったのに〉とか、〈自宅待機ということだったけれども〉のような意味で後続と結びついているように感じられます。

　もう一つ、次の(6)は推理小説の一文で(4)(5)と同様に筆者には違和感のある「のを」の文ですが、(4)(5)とは異なり、「のを」の後続に二つ目の「を」が出てくるという特徴があります。

(6) 伸子が「いえ、私は—」と断ろうとする**のを**、柳は構わずにグラス**を**満たした。　　　　　（「女社長」）

　(4)(5)は「のを」の後続に自動詞しか無く「のを」と結びつく他動詞が無かったのですが、(6)は他動詞「満たす」

があっても、その他動詞と結びつくのは直前の「グラスを」
であって、「断ろうとするのを」と直接結びつく他動詞はや
はり無いのです。

　これまで観察してきた「のを」の文の特徴をまとめると以
下のようになります。

（7）一群の「のを」の文の逸脱的特徴
　　①　「のを」と直接結びつく他動詞が無い。一つの他動詞
　　　　に二つの「を」が出現する場合もある。
　　②　「のを」は「〜けれども・〜のに」と言い換えられる
　　　　ような意味に感じられる。
　　③　文に違和感があり、容認度が低い。

　（4）〜（6）の③容認度の低下については、（5）のみ筆者の
行った調査の結果があるので紹介します。調査は 2018
年、東京の大学生 32 人に対し行った言語意識調査で、①自
然で問題なく容認できる②少し違和感があるが容認できる③
不自然で全く容認できないの三段階で回答してもらいまし
た。その結果を、①を 2 点、②を 1 点、③を 0 点に換算し
平均したところ、（5）については 0.68 点となりました。全
く容認できないほどではないけれども、違和感があるという
人が多かったと言えます。

　ちなみに、同じ調査では、「のを」の後にそれと結びつく
他動詞がある通常の他動詞文（8）の容認性も尋ねましたが、
こちらは、平均点が 1.97 点であり、多くの人が自然な文
と判断しました。

（8）（1.97）<u>セールスマンが中に入ろうとする**のを**</u>、なんと
　　　か制止することができた。

　「のを」の後続に他動詞が無い文に少し違和感を覚える人
が多いということは、こうした「のを」の「を」を接続助詞
ではなく格助詞だと思っている人が多い、ということです。
こうした「のを」の文は、確かに例えば〈ホテルまで送って
きてくれたのだけれども〉とか〈自宅待機ということだった
のに〉のような意味で後続と結びつく、つまり、「のを」が
もはや格助詞ではなく、「けれども」や「のに」と同様の
〈逆接〉の接続助詞に変化しているようにも見えます。しか
し、もしも接続助詞だったら、後続に他動詞が必要という制
約は無いので、他動詞が無くても違和感は無いはずです。
　こうした「のを」を、本書では、逸脱的特徴があるが格助
詞である、という意味を込めて、接続助詞的な「のを」と呼
んでおきたいと思います。
　では、接続助詞的な「のを」の文は、結びつく他動詞が無
いという逸脱した特徴があるのに、なぜ意味の理解ができる
のでしょうか。これは大きな問題です。
　そもそも、私たちは接続助詞的な「のを」の文をどのよう
な意味に理解しているのでしょうか。「けれども」や「の
に」と似た意味が感じられると述べてきましたが、「けれど
も」や「のに」と全く同じでしょうか。もしも同じでないな
ら、どのような独特な意味があるのでしょうか。まずは、実
例を観察しながら、その意味を詳しく考えてみます。
　そして、接続助詞的な「のを」の文の意味が明らかになっ

たら、どうしてそのような意味になるのかを考えてみます。その考察の末に、逸脱的な特徴があるのになぜ意味の理解ができるのかを明らかにしたいと思います。

🜨 3.2　接続助詞的な「のを」の文の特徴と意味

　接続助詞的な「のを」の文の意味を実例観察していて気づくことは、第一に、「のを」の前に「た」が付くことが多いことです。

（9）その日も、アドリアーナは私の宿泊先のホテルまで送ってきてくれた<u>のを</u>、まだ時間があるから、このザッテレの河岸を散歩しようということになったのだった。

（「地図」）

（10）というのも、その年、国民総動員ということで、ほんとうは五年制だった女学校を四年で卒業になり、おまけに入学が決まっていた東京の学校が三月の空襲で焼けて自宅待機ということだった<u>のを</u>、ちょうど家の近くに疎開して来た、療品廠（りょうひんしょう）という海軍の医療品をあつかう部門で四月から働くことになっていたからだった。

（「ヴェネツィア」）

　「た」は、すでに確定したことを表します。（9）で言えば、〈アドリアーナがホテルまで送ってきてくれた〉事実が確定しているし、（10）で言えば、〈自宅待機〉という行動が確定しています。これらは、何か不測の事態が起きない限り変更はない事態ということです。何も起きなければ筆者は送っ

てもらったホテルでアドリアーナと別れ、ホテル内に留まる
はずですし（＝（9））、そのまま学校が再開するまで自宅待
機を続けるはずです（＝（10））。このように、接続助詞的
な「～のを」の部分では、自然にしていれば継続するはずの
方向を感じさせる出来事が描写されているのです。

　これに対して、その「のを」の後に描写されるのは、その
自然な方向をキャンセルするような出来事です。（9）で言え
ば再び二人でホテル外に出てザッテレの河岸を散策するこ
と、（10）で言えば自宅待機をやめて療品廠で働くことで
す。つまり、［～たのを～］という形をとり、〈確定して継
続する方向の予想される出来事〉が「のを」の前で描かれ、
〈その方向を遮る出来事〉が「のを」の後で描かれていると
いうことです。

　他にも、接続助詞的な「のを」の文の特徴として、「～し
ようとするのを」という形が多いことに気づきます。ほとん
どが「～たのを」の形ですが、そうでなければ「～しようと
するのを」という感じです。

（11）伸子が「いえ、私は─」と断ろうとするのを、柳は
　　　構わずにグラスを満たした。　　　　　　　（「女社長」）
（12）そのまま出て行こうとするのを、延津賀が、「いいん
　　　ですよ。おはいんなさいな、まあ。ちっともかまわ
　　　ないんですから。」「いえ、（…略…）」　　　（「焼跡」）

　どちらも、「～のを」の部分で描かれているのはこれから
しようとしている行動です。（11）で言えば〈断る〉こと、

70

（12）で言えば〈出て行く〉ことです。それに対して、「の
を」の後では、それらの行動を遮る行為が描かれています。
〈断らせないでグラスを満たす〉こと（＝（11））、〈出て行
かずに入らせる〉こと（＝（12））です。これらは、［〜し
ようとするのを〜］という形で、〈これから行うことが確実
である出来事〉を「のを」の前で、〈その行為を遮る出来
事〉を「のを」の後で表していると言えます。

　さらに、次の接続助詞的な「のを」の文には、「普通な
ら」という副詞句が使用されていることが注目されます。つ
まり、普通にしていれば〈逃げ出す〉〈ノイローゼになる〉
という出来事が起こることが予測されるのに、その予測の方
向を遮る〈重みに耐え頑張る〉という行為が行われているこ
とが、「のを」の後で述べられているのです。

（13）**普通なら**辛くて、逃げ出すかノイローゼになる<u>のを</u>、
　　　 じっとその重みに堪えて頑張ってるんだわ。

　　　　　　　　　　　　　　　　　　　　　　　（「女社長」）

　こうした特徴から、接続助詞的な「のを」の文は、いずれ
も、以下のようなものだとまとめることができます。

・「のを」の先行部分で、外部から力を加えなくても将来的
　にある状態が生起すること・このままの状態が継続するこ
　とが予測される、そういった出来事が述べられる。
・「のを」の後続の述語の部分で、そのままにしていれば実
　現するであろう流れに意図的に力を加え、その予測の方向

を止めたり変えたりする行為の意味が述べられる。

　「のを」の先行部分で表される意味を〈方向〉、「のを」の後続の述語で表される自然な方向を止めたり変えたりする行為の意味を〈対抗動作〉と呼ぶことにすると、接続助詞的な「のを」を用いた ［～のを～］ という文は、以下の図で示せるような意味の文なのです。

　　〈方向〉 → ← 〈対抗動作〉

♆ 3.3 「のを」と「のに」「のに対して」の容認度の違い

　第 3 章の冒頭で、接続助詞的な「のを」の文は、「のを」を〈逆接〉の接続助詞「のに」に言い換えた文と、同じような意味に感じられると述べました。では、この二種類の文は全く同じ意味であると言ってよいでしょうか。

　〈逆接〉とは、二つの事態を「逆」の関係でつなぐということですが、「逆」ということをもう少し詳しく考えてみましょう。

（14）メンバー全員がいつもよりよいパフォーマンスをした**が**、負けてしまった。

　（14）の「が」の前で表される〈メンバー全員がいつもよりよいパフォーマンスをした〉ということからは、〈だから試合に勝てるだろう〉という予測が立ちます。しかし、「が」の後では、その予測に反する事態〈負けてしまった〉

が起きたことが表されています。〈前後に起こる二つの事態
が、予測とその予測に反する関係にある〉わけです。「が・
けれども・のに・ても」などの〈逆接〉の接続助詞が結びつ
ける二つの事態の「逆」の関係とは、この意味、〈予測と反
予測〉です。

　さらに、この〈逆接〉の接続助詞は、〈対比〉の意味を表
す場合もあります。〈対比〉とは、〈同時に起こる二つの事
態が、対立的な関係にある〉ことを言います。「～のに対し
て～」はこの〈対比〉を表す典型的な形式と言えるでしょ
う。〈逆接〉は、〈対比〉の〈対立的な関係にある〉意味に
プラスして、〈予測に反する〉意味が感じられるものとも言
えます。次の(15)は(14)と同じ接続助詞「が」による文
ですが、予測に反して後の事態が起こるという意味は無いの
で、〈対比〉の意味を表していると言ってよいと思います。

(15) 北向きの部屋はとても寒い**が**、南向きの部屋はぽか
　　　ぽかと暖かい。

　接続助詞は二つの事態を結びつける働きをするのであっ
て、〈逆接〉にしろ〈対比〉にしろ、後続に他動詞が来なけ
ればならないといった制約はありません。自動詞でもよい
し、動詞ではなくて形容詞でも［名詞＋だ］でもよいので
す。次の(16)は「寒い」という形容詞、(17)は「麻薬常
習者だ」という［名詞＋だ］が述語となっていますが、いず
れもaの「のに」の場合は全く問題が無く、自然な文に感
じます。しかし、bのように「のを」でつなぐとかなり違和

感があり、＊を付けてもよいくらい不自然だと筆者は感じます。これが、〈逆接〉〈対比〉の接続助詞と「のを」の違いを明確に示す証拠です。

(16) a　　　4月な**のに**、とても寒い。
　　　b??　4月な**のを**、とても寒い。
(17) a　　　彼は教師な**のに**、麻薬常習者だ。
　　　b??　彼は教師な**のを**、麻薬常習者だ。

　この筆者の内省判断を確かめるために、次の(18)〜(25)についての言語意識調査を行ってみました。「のを」「のに」「のに対して」の容認度の違いを判定させるのが調査の目的だということがわからないように、ペアとなる例文をばらして、それぞれを異なる四組の判定者集団の調査項目に入れ、さらに調査項目には「のを」「のに」「のに対して」とは関係の無い例文を入れて全体をランダムに並べました。四組に共通する調査項目も入れ内省判断に偏りがないことも確認しました（2018年に東京の3大学・4クラス（70人・67人・32人・16人）で実施）。読者の皆さんは次の例文についてどのように感じますか。①自然で問題なく容認できる②少し違和感があるが容認できる③不自然で全く容認できないの三段階で判定してみてください。

(18) a　4月な**のに**、とても寒い。
　　　b　4月な**のを**、とても寒い。
(19) a　彼は教師な**のに**、麻薬常習者だ。

　　b　彼は教師な**のを**、麻薬常習者だ。

(20) a　写真に撮りたかった**のに**、氷の彫刻が日射しで溶
　　　けてしまった。

　　b　写真に撮りたかった**のを**、氷の彫刻が日射しで溶
　　　けてしまった。

(21) a　指揮者の左側に女性が 15 人並んでいる**のに対し**
　　　て、右側は男性が 12 人並んでいる。

　　b　指揮者の左側に女性が 15 人並んでいる**のを**、右
　　　側は男性が 12 人並んでいる。

(22) a　北向きの部屋はとても寒い**のに対して**、南向きの
　　　部屋はぽかぽかと暖かい。

　　b　北向きの部屋はとても寒い**のを**、南向きの部屋は
　　　ぽかぽかと暖かい。

(23) a　A 君の身長が 110 cm である**のに対して**、B 君
　　　の身長が 100 cm である。

　　b　A 君の身長が 110 cm である**のを**、B 君の身長
　　　が 100 cm である。

(24) a　昨日の気温が 25 度だった**のに対して**、今朝の気
　　　温が 26 度だ。

　　b　昨日の気温が 25 度だった**のを**、今朝の気温が
　　　26 度だ。

(25) a　千代田区は昼間人口が約 85 万人である**のに対し**
　　　て、夜間人口は約 6 万人である。

　　b　千代田区は昼間人口が約 85 万人である**のを**、夜
　　　間人口は約 6 万人である。

筆者の調査の結果は、①を2点②を1点③を0点とし平均値で示すと以下の表1のようになりました。ご覧の通り、最下段の「のを」の容認度はかなり低いことがわかりました。

表1　「のに」「のに対して」文と「のを」文の容認性判断調査結果

	(18)	(19)	(20)	(21)	(22)	(23)	(24)	(25)
述語の種類	形容詞	名詞	自動詞	自動詞	形容詞	名詞	名詞	名詞
a のに/のに対して	2	1.94	1.94	1.96	1.99	1.78	1.63	1.97
b のを	0	0.01	0.09	0.04	0.03	0.03	0.06	0.06

　この表を見ると、やはり、「のに」文・「のに対して」文は後続の述語が自動詞・形容詞・名詞であっても容認されますが、「のを」文は容認されないと言えることがわかります。

♥ 3.4　「のを」の〈逆接〉の意味はどこから？

　このように、「のに」の幅広い用法の中には「のに」を「のを」で言い換えると不自然となるものがあります。しかし、冒頭で述べたように、接続助詞的な「のを」は、「のに」と言い換えてもあまり意味が変わらないのです。つまり、「のに」の一部に接続助詞的な「のを」が重なっているように見えるわけです。では、なぜ、この場合の「のを」には「のに」と重なるような逆接の意味が感じられるのでしょうか。接続助詞的な「のを」の逆接の意味はどこからきているのでしょうか。

　接続助詞的な「のを」の文は、「のを」の先行部分で自然な事態の予測される〈方向〉を表し、後続の述語部分でその

自然な方向を変えたり遮ったりする〈対抗動作〉を表すと述べました。

　　　〈方向〉→←〈対抗動作〉

　つまり、「のを」の前後で表される二つの事態とは、予測される事態と、その予測される事態を成り立たなくする事態なのです。この二つの事態の関係は、まさに〈逆接〉の表す、〈事態から生じる予測と、その予測に反する事態の関係〉と重なります。接続助詞的な「のを」の文の表す〈対抗動作〉という意味に、〈逆接〉の接続助詞が表す二つの事態の意味関係が見いだされることから、「のに」に言い換えが可能だと感じられるわけです。

　しかし、まだ問題があります。〈逆接〉の意味は〈対抗動作〉の意味に付随して感じられるのだとしたら、それでは、この、接続助詞的な「のを」の文の〈対抗動作〉の意味はどこから生じているのでしょうか。

　筆者の考えを先に言うと、p.67 の(7)で示した接続助詞的な「のを」の文の持つ逸脱的特徴を持たない、普通の他動詞文の意味から来ているのだと思います。接続助詞的な「のを」の文は、述語部分に「のを」と結びつく他動詞が無いものですが、実は普通の他動詞文の中に、仲間だと考えられる一群の文があるのです。

　他動詞には p.35 で見たように「投げる・食べる・叩く・動かす・焼く・暖める」など多様なものがあります。その他動詞の中には、次のように、もともと動詞の意味として〈対

抗動作〉の意味を持つものがたくさんあるのです。

表2 〈対抗動作性〉の意味を持つ他動詞

やめる・休む・休止する・停止する・中止する・諦める・断念する・遮る・止める・せき止める・とどめる・阻止する・阻む・妨害する・妨げる・阻害する・じゃまする・押しとどめる・押し返す・覆す・引っ繰り返す・押し戻す・拒む・断る・遮断する・寸断する・断つ・制止する・抑止する・制する・中断する・抑える・抑制する・制圧する・抑圧する・制御する・ブロックする・ストップする・シャットアウトする…

例えば次の（26）（27）の「やめる」「抑制する」は「を」と結びつく普通の他動詞です。

（26）充は大学を一年生だけでやめた。
（27）ソルビン酸は微生物の成育を抑制してしまう（後略）
（「世界」）

「大学を」「微生物の成育を」の部分は［名詞＋を］の形であり、「ボールを投げる」や「ケーキを食べる」と同じように〈働きかけの対象〉に「を」が付いていると考えられます。

しかし、よく観察してみると、「やめる」や「抑制する」と結びつく名詞は、形は名詞でも意味は〈事態がこの先も継続する方向であることを表すもの〉だとわかります。

例えば（26）の「大学」は、単なる建物や機関という意味の「大学」ではなく、〈大学で継続して行う学修などの学生生活〉の意味であり、普通にしていたら継続する〈方向〉の意味があります。その自然な方向を途中で絶つ行為が「やめ

る」です。(27)の「微生物の成育」も名詞の形ではありますが、動作的な意味があり、〈微生物が成育してどんどん増殖していく事態の方向〉の意味があります。「抑制する」は、その動きをとどめる行為です。これらの他動詞には、逸脱的な「のを」の文で観察したのと同じような、動きの方向をとどめたり変えたりする〈対抗動作〉の意味があるのです。

〈大学で学修を続ける方向〉　　→←　〈やめる〉
〈微生物が成育してどんどん　　→←　〈抑制する〉
　増殖していく事態の方向〉

　(26)(27)は［名詞＋を］の形ですが、この〈対抗動作〉の意味を持つ他動詞は、［動詞＋のを］の形をとることも可能です。p.68で観察した次の(28)は、「セールスマンが入ろうとする」という形式に「のを」が付いているものですが、言語意識調査の結果では2点満点の1.97点と、大変容認度が高く、逸脱的特徴の無い他動詞文と判断されるのでした。

(28)(1.97)　セールスマンが中に入ろうとする**のを**、なんとか制止することができた。

　接続助詞的な「のを」の文は、こうした、ごく自然で、ごく普通の他動詞文(28)の仲間だと考えられます。また、(26)(27)のように「のを」を用いなくても、［名詞＋を］

の形で〈事態の自然な方向〉の意味を表し、述語がそれを遮る意味を表す、ごく普通の他動詞文も、仲間だと考えられます。

　そして、これらのごく普通の他動詞文にも逆接的な意味が感じられるのです。特に節を表す「のを」を用いる（28）のような場合には、「〜のを」の節が描く事態とその後で描かれる事態というように、二つの事態が形式上明確に表されているので、二つの事態をつなげる役割を果たす接続助詞の文（＝（29））とよく似ていると感じます。

（28）セールスマンが中に入ろうとする**のを**、なんとか制
　　　止することができた。
（29）セールスマンが中に入ろうとする**けれども**、なん
　　　とか制止することができた。

　しかし、（28）は普通のヲ格を持つ〈対抗動作〉の他動詞文です。「のを」の前後で表される二つの事態の間に〈予測とその予測に反する事態〉という逆接の意味を解釈することができるに過ぎません。他動詞文の〈対抗動作〉の意味に付随して〈逆接〉〈対比〉の意味が感じられるということなのです。同じことが、逸脱的な「のを」の文についても言えるわけです。

　3.4では、接続助詞的な「のを」の文の逆接の意味がどこから生じるかを考えてきました。他動詞を持たない逸脱的な特徴を持つ接続助詞的な「のを」の文は、「やめる・抑制する」などの他動詞を用いた、ごく普通の他動詞文の仲間

で、〈対抗動作〉の意味を表します。その〈対抗動作〉の意味に付随して、〈逆接〉〈対比〉の意味が感じられるのです。

❦ 3.5　他動詞が無いのにどうして意味がわかるのか
―〈対抗動作〉他動詞構文をベースとする類推―

　接続助詞的な「のを」の文は、〈対抗動作〉を表す他動詞文の仲間だと述べましたが、「やめる・抑制する」などの他動詞が無いのに、どうして私たちはこの「のを」の文を「やめる・抑制する」などの他動詞文の仲間だと解釈できるのでしょうか。逸脱的な特徴を持つ文の意味を、私たちはどのようにして理解しているのでしょうか。

　実際のコミュニケーションでは、ある単語が聞き取れなかったり途中で単語が言い間違えられたりと、様々なアクシデントが生じます。それでも、大抵の場合、全体の意味を理解することはできます。こういったアクシデント下での意味理解や逸脱的な特徴を持つ文の意味理解には、一つ一つの要素の意味を足し算しているだけではない、全体についての見通しが貢献していると思います。

　もちろん、要素の意味やそれらの要素を結合するしくみを知っていることは、大変重要なことです。しかし、要素からの積み上げの方略（ボトムアップ式の方略）だけでなく、それと同時に、全体をまずこのような意味ではないかと想定し、それに見合うように要素の意味を理解していくような方略（トップダウン式の方略）も行われていると思います。

　そのトップダウン式の方略に関わっているのが「類推」の働きだと筆者は考えています。何かわからないもの（ターゲ

ット）を理解するために、類似のよく知っているもの（ベース）を想定し、それを当てはめることにより、わからないものを理解する方略です。

　例えば、文の一部分が初めて聞く単語だった場合を考えてみます。

（30）　×××　が　△△△　を説得したよ。

　聞き手には　×××　と　△△△　は初めて聞く単語で、その意味が何かはわかりません。しかし、このような場合でも［AがBを説得する］という形式に結びついた類型的意味を知っていれば、それを当てはめることにより、ある程度の意味を推測することができます。［AがBを説得する］では、「説得する」という他動詞の意味と、他動詞文の［〜が〜を他動詞］という形式の意味から、多くのことが推測できます。AはBの意見を変えようとことばを使って説明した人であり、BはAからの働きかけを受けて、自分の考えを変えた人だとわかります。わからない文にこの意味を当てはめ、「×××」「△△△」はいずれも人間であり、「×××」が語りかけることによって「△△△」の意見が変わったのだということはわかるのです。このことを示したのが図1です。

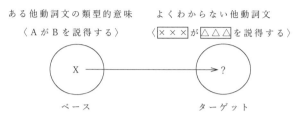

ある他動詞文の類型的意味　　　よくわからない他動詞文

〈 A が B を 説 得 す る 〉　　〈×××が△△△を説得する〉

ベース　　　　　　　　　　　　ターゲット

図1　類推による文の意味理解

　さらに、(30)が、学校から帰宅後すぐに親に向かって説明した会話であれば、発話者の学校の友人どうしの対立が解決したのだな、などまで推測できることもあります。

　ここで重要なのは、学校からの帰宅直後の発話というような、状況・場面といった言語外の情報ももちろんですが、[AがBを説得する]という文の形が、大変有力な手がかりになっているということです。これこそ、文法的知識が意味の理解の手がかりとなっているということなのです。

　このように、よくわからない要素を含む文の意味を理解するために、よく知っている文形式に結びついた類型的意味の知識を当てはめて理解すること、これが類推による文の意味理解です。逸脱的な特徴を持つ文の意味理解も、この方略が使われていると考えられます。

　ある文の形式全体に、類型的な意味が慣習的に結びついている場合、そのような文の類型を「構文」と呼ぶことにします。要素が集まってできあがった文は、何度も使用されて慣習化され、ある文形式がひとまとまりで、ある特定の意味を担うものと認識されるようになると考えられます。逸脱的特徴を持つ文は、たくさんの構文の中からベースとなる構文を

これと定め、その構文の持つ類型的な意味をトップダウン式に当てはめることにより、逸脱的な「穴」があっても意味の理解ができると考えられるのです。

　接続助詞的な「のを」の文は、〈対抗動作〉の意味を持つ他動詞文の仲間だと先に述べました。これを、「類推」の考え方で説明し直すと次のようになります。接続助詞的な「のを」の文は他動詞が無いという逸脱があってよくわからない文です。そのため、ベースとなる文を想定し、その類型的意味をあてはめて解釈しています。そのベースとなるのは、「遮る・抑制する」などの〈対抗動作〉の意味の他動詞からなる、他動詞構文です。この構文を《〈対抗動作〉他動詞構文》と呼んでおきましょう。

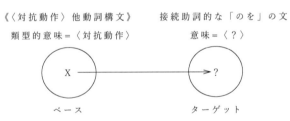

図２　類推による接続助詞的な「のを」の文の意味理解

　これまで見てきた接続助詞的な「のを」の文は、《〈対抗動作〉他動詞構文》をベースとして、「のを」の後に続くよくわからない述語部分に「遮る・やめる」などの意味を重ねることにより、意味のある文として受け入れていると言えます。次の(31)の逸脱的な述語の部分「このザッテレの河岸を散歩しようということになった」は、文字通りの意味だけ

でなく、〈ホテルに送ってもらったからそこで別れ発話者は
ホテルにとどまる〉という自然な流れを〈変えた〉のだと理
解するのです。

（31）その日も、アドリアーナは私の宿泊先のホテルまで
　　　送ってきてくれ**た**のを、まだ時間があるから、<u>この</u>
　　　<u>ザッテレの河岸を散歩しよう</u>ということになったの
　　　だった。　　　　　　　　　　　　　　　　　　（「地図」）

　次の（32）の「グラスを満たした」も、文字通りの意味と
ともに、〈酒は飲まないと断る〉自然な方向を、グラスを満
たすことによって〈遮った〉のだと理解します。

（32）伸子が「いえ、私は―」と断**ろうとするのを**、柳は
　　　構わずに<u>グラスを満たした</u>。　　　　　　（「女社長」）

　そのように考えると、接続助詞的な「のを」の文は、
《〈対抗動作〉他動詞構文》の表す「やめる・遮る・抑制す
る」などの行為を具体的にどのような手段や動作で行ったの
か、様々な述語表現で詳しく述べているのだと思えてきま
す。「やめる」といった意味は、構文の表す意味として推測
できます。そのため、それらを直接表す他動詞は使わずに、
その動作がどのようなものだったかを、少し逸脱的になって
も詳しく述べようとしているのではないかということです。
　例えば、（32）はもう一つの「を」と結びついた「グラス
を満たした」を使って、少し逸脱的にはなるけれども、言語

形式で表される文字通りの〈グラスを満たす〉などの意味と、構文から写像される〈遮る〉という意味の両方を表現する、便利なやり方に思えてきます。

　しかし、どのような述語でも、《〈対抗動作〉他動詞構文》の鋳型を用いて意味の理解ができるわけではありません。3.3で述べたように、「のに」「のに対して」は形容詞や名詞からなる述語でも自然な文と判断されますが、「のを」の場合には軒並み容認度が落ちるのでした。

（33）a　　　4月な**のに**、とても寒い。
　　　 b??　4月な**のを**、とても寒い。
（34）a　　　彼は教師な**のに**、麻薬常習者だ。
　　　 b??　彼は教師な**のを**、麻薬常習者だ。

　例えば「〜のを」の部分を構成する(33)の「4月だ」や(34)の「彼は教師だ」には動きの意味がありませんし、その述語部分「寒い」「麻薬常習者だ」も、働きかけの動きの意味がなく、「遮る・とどめる・変える」に匹敵する意味を解釈するのは到底無理でしょう。つまり、ベースとなる《〈対抗動作〉他動詞構文》と共通する特徴があまりなく、この構文の意味をあてはめるのはきわめて難しいのです。このように、ベースとなる構文から離れた文であるほどに、その容認度は低くなるのだと考えられます。

　これまでの第1章、第2章でも、容認度の安定しない文を論じてきました。例えば、第1章では、「(さ)せていただく」が、相手の許可が不要な出来事であればあるほどに、

容認度が低くなると述べました。これも、［使役（（さ）せ）＋受益（ていただく）］の構文がベースだということなのであり、その元々の構文の持つ特徴と離れるほどに、容認度が低くなるということだったのです。また、第 2 章では、二重主格文「太郎が母が芥川賞を受賞した」「太郎が母が歩いた」などの容認度の差を取り上げました。そこでは、二重主格文が一つの主格の［〜が名詞述語］文を基にしており、そこから離れるほどに容認度が低くなると説明しました。これも、二重主格文［〜が〜が述語］文は、一つの主格の［〜が名詞述語］構文を類推のベースとしており、その構文の表す〈〜がある性質・特徴・状態である〉という意味にあてはめにくいものほど容認度が低くなるということなのです。

　さて、この 3.5 では、「のを」と結びつく他動詞が無い文に接したときに、「遮る」類の他動詞から作られる構文―《〈対抗動作〉他動詞構文》―の仲間だ、と思えるのはなぜかを考えました。それは、この構文に関する形と意味についての知識をすでに得ており、その特徴から両者が似ていると判断できるからです。手がかりになる特徴は以下のようなものが挙げられます。

① ［〜が〜のを述語］という文の形であること
② 「〜が」が人物であること
③ 「〜のを」に、確定を表す「た」やこれから行う「〜しようとする」が用いられ、動きの〈方向〉の意味を持つ事態が示されていること
④ 「〜のを」に「自然なら」「普通なら」のような副詞句が

用いられ、動きの自然な〈方向〉があることが示されていること

⑤文末の「述語」が、「～のを」の表す〈方向〉に意図的に対抗する動きの意味が感じられるものであること

　そして、こうした類似点があまり無く、ベースの構文にあてはめにくいほどに、容認度は低くなるのです。

✤ 3.6　逸脱を可能にするのは他者に対する〈状態変化〉

　逸脱的特徴を持つ文を、たくさんある他動詞文パターンへの類推で何でも解釈することができるなら、ベースの候補は「遮る」類の他動詞文だけでなくてもよいはずです。例えば自然な方向を「遮る」のではなく「推進する」など、別の他動詞文をベースとした逸脱的な「～のを」文の解釈があってもよさそうです。しかし、実は、[～が～のを述語]という形を持つ様々な他動詞文の中で、逸脱的特徴のある文を作り出すことができるのは、《〈対抗動作〉他動詞構文》だけのようです。

　第1章で述べたように、「のを」をとる他動詞はたくさんの種類があります。工藤（1985）のまとめの中から自動詞を抜き、「のを」をとる他動詞だけを挙げると以下のようになります。

■「のを」をとる他動詞（工藤（1985）より）
（ⅰ）感覚動詞…見る・ながめる・見物する・聞く等
（ⅱ）動作性動詞…待つ・手伝う・追う（追いかける）等

（ⅲ）認知動詞…感じる・発見する・知る・思い出す等
（ⅳ）態度動詞…喜ぶ・驚く・期待する・賛成する等
（ⅴ）その他…やめる・よす・避ける・防ぐ等

　本書で〈対抗動作〉の他動詞と呼んだものは工藤（1985）が「その他」としてまとめた類に出てきます。それ以外に上記のように「見る・待つ・感じる・喜ぶ」などの類の他動詞がありますが、実際に現れる逸脱的特徴を持つ「のを」の文を、《〈対抗動作〉他動詞構文》以外の意味で解釈することはできないと思います。そもそも、「見る・待つ・感じる・喜ぶ」などの類の他動詞の意味をあてはめるような、逸脱的特徴を持つ「のを」の文を人為的に作成しようしても、かなり難しいのです。かろうじて、「見る」の意味をあてはめる「太郎が出て行くのを目をやる」とか、「手伝う」の意味を当てはめる「太郎が歩くのを手を貸す」といった逸脱文を思いつくぐらいです。

　では、「見る・待つ・感じる・喜ぶ」などの類の他動詞と逸脱的な他動詞文の拡張を許す〈対抗動作〉の他動詞とはどのような点が異なるのでしょうか。

　第2章で述べたように、他動詞には、大きく分けて、（1）他者に対する働きかけの動作・行為そのものがどのようなものであるのかを表す動作他動詞と、（2）動作とともに、その動作の結果、他者がどのように変化したかを表す状態変化他動詞の二種があります。その観点から上記の動詞を眺めると、（ⅰ）～（ⅳ）の動詞はすべて（1）の動作他動詞に属し、（ⅴ）の動詞のみが（2）の状態変化他動詞であると言えそ

うです。

　［〜が〜のを述語］という形を持つ他動詞文としては［〜が〜のを見る］型や［〜が〜のを喜ぶ］型など、他にもありながら、逸脱的な「のを」文が出てきたときに〈対抗動作〉の他動詞の［〜が〜のを遮る］型だけをベースとすること、言い換えると、〈対抗動作〉の他動詞だけが、逸脱的な他動詞文への拡張を許していることの理由は、〈対抗動作〉の他動詞だけが〈状態変化〉を表す他動詞であることに理由があると思います。

　第２章で述べたように、（ⅰ）〜（ⅳ）の動作他動詞は動きそのものがどのようなものであるのかを表現する動詞であり、その動きの意味を希薄化したり抽象化したりすることができないものです。それに対して、状態変化他動詞は、主体の働きかけによって他者がどのような状態に変化したのかを表現する他動詞です。そのために、状態変化他動詞は、主体の動きが希薄で「原因」に過ぎないという意味（＝「自分の事故で息子を亡くした」）や、さらに希薄となり「原因」でさえない「状態変化を所有する」という意味（＝「癌で祖父を亡くした」）も表現できるのでした。

　逸脱的な「のを」の文の場合、「のを」が用いられているのに、述語部分が他動詞の枠から逸脱しています。「のを」とは本来結びつかない様々な述語が他動詞の替わりとして用いられているわけです。もしも、ベースになる構文の他動詞が、その他動詞の意味を希薄化したり抽象化したりする余地の無い、主体の動きそのものを表す他動詞だったら、こんな風に他の様々な述語に替えてしまうことなどできないのでは

ないでしょうか。

　「見る・待つ・感じる・喜ぶ」などは、それ自体が身体的で具体的、根源的とも言える意味を表すものです。他方、「遮る・やめる…」などの動詞は〈方向を遮る〉といった抽象的な意味を表すものであり、ある特定の具体的・身体的行為の意味に特定されていません。「遮る」類の動詞は、具体的な出来事としては「グラスを満たす」とか「手を振る」など様々な動きであっても、それらが抽象的に〈方向を遮る〉ことだとして表現する動詞なのです。このように抽象的であるからこそ、〈対抗動作〉の他動詞が現れる環境―つまり構文の形―だけを示し、〈対抗動作〉の他動詞そのものは示さず、替わりに別の述語を明示することによって、構文の意味〈対抗動作〉と文字通りの意味（明示された述語の意味）とを二重に表すことができるのだと思います。

　第 2 章の p.49 から p.51 では、働きかけの無い他動詞文を作る他動詞がなぜ状態変化動詞に限られるのかを考えました。そこでも、動作動詞は主体の〈動作〉がどのようなものであるかを表し、その意味を希薄化したり抽象化したりすることはできないのに対して、状態変化動詞は〈動作〉の意味の部分を希薄化でき、多様な意味に拡張できるということを説明しました。逸脱的な「のを」文の現象にも、この状態変化他動詞の特徴が関わってくるようです。

✤ 3.7　他動詞といっても様々

　3.6 では、他動詞が大きく動作他動詞と状態変化他動詞の二種類に分けられることを再度述べました。そして、本書

では逸脱的な「のを」の文を説明するために、〈対抗動作〉他動詞と呼んだ「やめる・遮る」などの一群の他動詞を、この二種類の他動詞のうちの、状態変化他動詞に属するものとして位置づけてみました。これまで、〈対抗動作〉という他動詞群をまとめ、こうした位置づけをすることは無かったと思います。それは、これまでこの他動詞群をまとめる意義が感じられなかったためです。第1章で述べたように文法研究における分類とはそのようなものです。つまり、何かを文法的に説明するのに有意義だから分類しているのであって、必ずその類をひとまとめにしなければならないものではありません。だから、文法論の分類はやみくもに暗記するようなものではありません。

　この〈対抗動作〉他動詞の位置づけを他動詞の全体の中で見ておこうと思います。皆さんは次の［〜が〜を述語］文を、どのように整理しますか？

（35）このマークは不適格を<u>意味する</u>。
（36）三千子は批判を<u>浴びる</u>。
（37）教師が机を<u>たたく</u>。
（38）生徒が新任教師の名前を<u>覚える</u>。
（39）多くの選手が試合前にこの音楽を<u>聞く</u>。
（40）大勢の観光客が京都を<u>訪れる</u>。
（41）帰宅困難者がこの車道を<u>歩く</u>。
（42）母はすぐに時計を<u>壊す</u>。
（43）祖母は掃除の前にテーブルを<u>動かす</u>。
（44）大工が椅子を<u>作る</u>。

（45）警官が車の走行を<u>止める</u>。

（46）駐車場係が車のスムーズな走行を<u>助ける</u>。

　ここでは、整理するポイントを以下のように定めてみます。

(a) 行為の意図がありえるかどうか

(b)「〜が」から「〜を」への働きかける動きがありえるか
　　どうか

(c) 働きかけによって「〜を」の変化があるかどうか

(d) 働きかけの前に「〜を」が動いているか、いないか

(e)「〜を」の変化はどのような変化か

　まず、（a）行為の意図がありえるかどうかは、「しようとする」が言えるかどうかでわかります。（35）は「このマークは不適格を意味しようとする」とは言えないので、「意味する」という他動詞はどのようなときも意図の意味が無いと言えます。（36）は「三千子はあえて批判を浴びようとした」のように言えるので、意図がありえます。（37）以下も皆、「しようとする」が言えるので、意図の意味がありえないのは（35）だけです。

　次に、（36）〜（46）の違いを明らかにするために、（b）「〜が」から「〜を」への働きかける動きがありえるかどうかを調べてみます。これは、「〜を」を主格に変えた直接受身が可能かどうかで確かめることができます（第2章参照）。次の作例は筆者が作ったものですが、（36'）だけは容

認できないと思います。「浴びる・受ける・教わる」などの
タイプは、「〜が」から「〜を」に対する働きかける動きを
表すのではなく、「〜が」が働きかけを受ける者なので、
「〜を」を主格に変えた直接受身文が作れないと思うので
す。

(36') ＊批判が三千子によって<u>浴びられた</u>。

(37') 机が教師によって<u>たたかれた</u>。

(38') 新任教師の名前は既に生徒によって<u>覚えられた</u>。

(39') この音楽は多くの選手に試合前に<u>聞かれている</u>。

(40') 京都は大勢の観光客によって<u>訪れられている</u>。

(41') この車道は帰宅困難者によって<u>歩かれた</u>。

(42') 時計は母によってすぐに<u>壊される</u>。

(43') テーブルが祖母によって掃除の前に<u>動かされる</u>。

(44') 椅子が大工によって<u>作られる</u>。

(45') 車の走行が警官によって<u>止められる</u>。

(46') 車のスムーズな走行が駐車場係によって<u>助けられる</u>。

　次に、(37)から(46)の違いを明らかにするために、(c)
働きかけによって「〜を」の変化があるかどうかを考えてみ
ます。これは、その他動詞に「〜ている」を付けたときに、
どのような意味になるかで確かめることができます。「〜て
いる」は、「今、ドンドン叩いている」のように動作が進行
中であることを表す場合と、「真っ白に変わっている」のよ
うに変化した結果が現在続いていることを表す場合がありま
す。ある他動詞に「〜ている」を付けたときに、今動作が進

行している意味にしかならない場合は、その他動詞は「〜
を」の変化を表さない他動詞であると言えます。ある他動詞
に「〜ている」を付けたときに、変化の結果の状態が続いて
いる意味も表せる場合は、その他動詞は「〜を」の変化を表
す他動詞と言えます。これも作例により一例ずつ確かめてみ
ましょう。

（37''）教師が机を<u>たたいている</u>。

（38''）生徒が新任教師の名前を<u>覚えている</u>。

（39''）多くの選手が練習中にこの音楽を<u>聞いている</u>。

（40''）大勢の観光客が京都を<u>訪れている</u>。

（41''）帰宅困難者がこの車道を<u>歩いている</u>。

（42''）母が時計を<u>壊している</u>。（時計はこなごなだ）

（43''）祖母は掃除の前にテーブルを<u>動かしている</u>。
　　　　（テーブルは片隅にある）

（44''）大工が椅子を<u>作っている</u>。
　　　　（椅子がきれいにできあがっている）

（45''）警官が車の走行を<u>止めている</u>。
　　　　（車の走行が止まっている）

（46''）駐車場係が車のスムーズな走行を<u>助けている</u>。
　　　　（車の走行がスムーズだ）

　以上の例をみると、（42''）〜（46''）は丸括弧の中で示し
たような変化の結果の状態が継続しているという意味を表す
こともできると思います。しかし、（37''）〜（41''）は動作
の進行を表すことはできますが、「〜を」の変化した結果の

状態を表すのは難しいのではないでしょうか。そうだとすると、(37)〜(41)は働きかけによる「〜を」の変化を表さない他動詞、(42)〜(46)は変化を表す他動詞ということになります。

　次に、(d) 働きかけの前に「〜を」が動いているか、いないかを考えてみます。働きかけがある(37)〜(46)のうち、「〜を」が働きかけを受ける前に動いているのは(45)(46)だけです。

(37) 教師が<u>机</u>をたたく。

(38) 生徒が新任教師の<u>名前</u>を覚える。

(39) 多くの選手が試合前にこの<u>音楽</u>を聞く。

(40) 大勢の観光客が<u>京都</u>を訪れる。

(41) 帰宅困難者がこの<u>車道</u>を歩く。

(42) 母はすぐに<u>時計</u>を壊す。

(43) 祖母は掃除の前に<u>テーブル</u>を動かす。

(44) 大工が<u>椅子</u>を作る。

(45) 警官が車の<u>走行</u>を止める。(＝動き)

(46) 駐車場係が車の<u>スムーズな走行</u>を助ける。(＝動き)

　最後に、「〜を」に変化の意味がある(42)〜(46)について、その変化がどのようなものか考えてみます。(42)〜(44)はいずれも、静止しているものの変化ですが、その中でも(42)はものの質の変化、(43)はもの自体の質は変化せず、位置の変化を表しています。また、(44)は存在しなかった「椅子」が出現するという変化を表しています。

（42）母はすぐに時計を<u>壊す</u>。

（43）祖母は掃除の前にテーブルを<u>動かす</u>。

（44）大工が椅子を<u>作る</u>。

　これに対して、（45）（46）の「〜を」は、働きかけを受ける前に動いており、（45）はその動きの方向を抑制されるように変化します。（46）は逆にその動きの方向が推進される変化です。

（45）　警官が車の走行を<u>止める</u>。

（46）　駐車場係が車のスムーズな走行を<u>助ける</u>。

　さらに、「〜を」の変化を表さない他動詞、すなわち、動作他動詞である（37）〜（41）も、その動きがどのようなタイプであるかによって分け、以上の全ての考察の結果を図式化すると以下のようになります（図3では［〜が〜を述語］文を［AがBを述語］と表しています）。

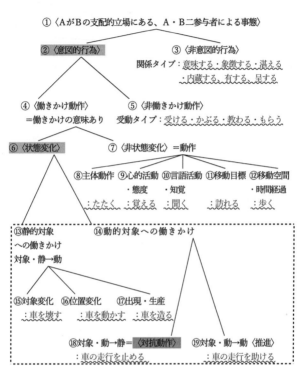

図3 ［AがBを述語］文の意味カテゴリー

　図3は、［〜が〜を述語］という形の文の意味を整理した
ものであり、一般に自動詞と考えられている「歩く」なども
入っていることに注意して下さい。［〜が〜を述語］という
形の文の中には、他者への働きかけの意味が強く感じられる
ものから無いように感じられるものまで、様々なものがある
のです。

　ヤコブセン（1989）は、日本語の［AがBを述語］型の文には様々な意味のものがあるけれども、どのような文にも共通する意味があるとしました。それは、AとBの二つの参与者が存在すること、そしてそのうち、AがBに対して支配的立場にあることです。この考えを取り入れて、図3では最上段に①〈AがBの支配的立場にある、A・B二参与者による事態〉と記してみました。この意味なら（35）「このマークは不適格を意味する」にも（41）「帰宅困難者がこの車道を歩く」にも当てはまります。（35）は「このマーク」と「不適格」の二者が参与し、「このマーク」の観点から表されていますし、（41）も同様に、ある出来事を「帰宅困難者」と「車道」のうち、「帰宅困難者」の観点から表されています。

　その上で、ヤコブセン（1989）は、他動性（他動詞が持つ他者への働きかけの意味）は強いものから弱いものまで連続していることを述べています。ヤコブセンは次の（a）〜（d）の意味的要素をたくさん持っている文が他動性の強い、典型的な他動詞文であり、少ししか持っていなければ典型から離れた周辺的な文と考えています。

（a）関与している事物が二つ（動作の起こし手Aと対象物B）ある。
（b）動作の起こし手Aに意図性がある。
（c）対象物Bが変化する。
（d）変化は現実の時間において生じる。

(a)〜(d)で注目されるのは A についての意図の意味と B についての変化の意味です。本書で整理した図３では①の後、意図の意味の有無によって②と③にまず分類しました。そして、意図の意味のある②について、働きかけをするのか受けるのかで分けた後、働きかけのある④を変化の意味の有無で⑥と⑦に分けました。

　つまり、A についての意図の意味も B についての変化の意味もあるのは図３の点線の四角の中であり、ヤコブセンに従えば⑮〜⑲の他動詞が、他動詞文の典型的な意味的特徴を持っているものということになります。この中に、〈対抗動作〉の他動詞も入っているのです。

　逸脱的な「のを」の文は、《〈対抗動作〉他動詞構文》をベースとして意味理解していると述べてきましたが、それは、実は、様々な他動詞構文の中でも典型的な特徴を持つ構文をベースとしているということでもあるのです。

☙ 3.8　第３章のまとめ

　第３章では、逸脱的な特徴を持つ「のを」の文について考えました。要点は以下の通りです。

・実際に用いられる文の中に、結びつく他動詞を持たない、逸脱的な「のを」の文がある。
・逸脱的な「のを」の文は、予測される事態の進展方向に対する〈対抗動作〉の意味を表す。
・逸脱的な「のを」の文に〈対抗動作〉の意味が解釈されるのは、「やめる・遮る」などの〈対抗動作〉の意味を表す

他動詞からなる、《〈対抗動作〉他動詞構文》からの類推である。

・逸脱的な「のを」の文は、類推のベースである《〈対抗動作〉他動詞構文》から離れるほどに、容認度が低くなる。

・逸脱的な「のを」の文の「のを」は、接続助詞「のに」などと言い換えられるように感じられるが、その逆接的な意味は、〈対抗動作〉の意味に付随して生じるものであり、接続助詞に変化しているわけではない。

【調べてみよう・考えてみよう】

1. 次の「のを」の文はどのような点で他の「のを」の文と同じか・異なるか、考えてみましょう。また、それぞれの仲間になる「のを」の文を作例してみましょう。
　（1）　駅前にケーキ屋があるのを見つけた。
　（2）　醤油瓶の小さいのをとって下さい。
　（3）　彼に就職を勧めるのをやめた。

2. 小説や新聞から［～が～を述語］形式の文を収集し、その動詞を p.93 の(a)～(e)の観点で整理してみましょう。また、異なる分類の観点を考えてみましょう。
　　さらに、本書の図3を参考にしながら、異なるやり方で整理できないか考えてみましょう。

3. 新聞や会話から〈逆接〉の接続助詞「～のに・～けれども（けれど・けど）・～が」の実例を収集し、その意味の違いや用いられ方の違いを考えてみましょう。

4章　逸脱的な「のが」の文

♥ 4.1　逸脱的な「のが」の文とは

　第3章では、接続助詞的な「のを」の文を考察しました。節の形が「の」で名詞化され、それに格助詞「を」が付いているものです。しかし、①「〜のを」と結びつく他動詞が現れない、②容認度が低くなる、③接続助詞のような〈逆接〉の意味を表す、といった逸脱的な特徴を持つ文でした。このような特徴からは「のを」が接続助詞に変化しているようにも見えます。本書ではこうした「のを」の文は、「警官が車の走行を遮る」といった種類の他動詞構文をベースとし、欠けている他動詞の部分を類推することによって成り立つものであるとしました。また、〈逆接〉の意味も、このベースとなる他動詞構文が持つ〈対抗動作〉の意味から生じているのだと説明しました。

　実は、格助詞が接続助詞に変化するという現象は、すでに日本語の歴史上起きています。例えば、現代日本語として慣習化され定着している〈逆接〉の接続助詞「のに」「が」は、それぞれ格助詞の「に」「が」の機能が拡張し分化したものと考えられています。しかし、現代日本語の「のを」は、ベースとなる他動詞構文から特徴が離れるほどに容認度が低くなることから、接続助詞に変化しているとは言いがた

いと本書では述べてきました。

　さらに、現代日本語にはこの接続助詞的な「のを」の文と似たものとして、接続助詞的な「のが」の文があります。主格を表す「が」は、すでに接続助詞の「が」を生み出していますが、それとはまた異なる経緯で接続助詞的な用法を拡張させているように見えるのです。第 4 章では、逸脱的な特徴を持つ「のが」の文を観察してみましょう。

　まず、次の文を観察してください。（1）と（2）はどのように意味が異なるでしょうか。

（1）書類を出そうとした<u>のを</u>、直前で窓口が閉鎖された。
（2）書類を出そうとした<u>のが</u>、直前で窓口が閉鎖された。

　どちらも、不自然さがありながらも、〈あと一歩で書類を提出するところだったのに、できなくなってしまった〉といったことを表していると理解できるように思います。（1）は「のを」が名詞化辞「の」＋格助詞「を」だとすると、後続に他動詞が無い逸脱的特徴を持つ「のを」の文であり、前章で観察した文です。（2）は、これと意味がとても似ているのですが、「のが」を用いた文です。これも、名詞化辞「の」＋格助詞「が」だとすると、後続にもう一つの「が」が出現しており、後続の述語「閉鎖された」はその「が」と結びつくため、「のが」と結びつく述語がありません。こうした観察から、これらも逸脱的特徴を持つ「のが」の文だと言えます。他に実例を挙げてみます。

（3）きょうはみなさん、遠いところを息子のためにおいで
　　くださって、のあたりまでは、ごくふつうのあいさつ
　　だった<u>**のが**</u>、<u>友人は</u>急転回して、こんなことを<u>いいは</u>
　　<u>じめた</u>。　　　　　　　　　　　　　　　　（「本に」）

（4）入院中は、毎日のように彼女が見舞ってくれた。（中
　　略）それでも、心細さは消えなかった。都内の実家を
　　離れ、一人暮らしを始めて3年目。<u>ろくに実家に帰る</u>
　　<u>ことはなかった</u><u>**のが**</u>毎日、病院の公衆電話から家族の
　　声を<u>聞いた</u>。　　　　　　　　　　　　　　（「患者」）

　（3）は、「いいはじめた」と結びつく主格が「友人は
（が）」であり、「のが」と結びつく述語がありません。（4）
も、「聞いた」と結びつく主格としては「私は（が）」のよ
うな動作主となる人物を予測しますが、「のが」が表してい
るのは人物ではなく〈ろくに帰ることはなかった〉という出
来事なので、「聞いた」と結びつきません。また、（3）（4）
の「のが」は、「のに」「けれども」と言い換えても大きく
意味を変えないように感じられます。さらに、（3）（4）は筆
者には少し不自然さが感じられ、全く問題無く容認される文
と比べると、容認度が落ちるように思われます。
　これらの特徴をまとめると以下のようになります。

（5）一群の「のが」文の逸脱的特徴
　①　「のが」と直接結びつく述語が後続に無い。後続に二
　　　つ目の主格が出現する場合もある。
　②　「のが」は「けれども」「のに」と言い換えられるよ

うな意味に感じられる。

③　文に違和感があり、完全に自然な文に比べて容認度が
　落ちる。

　こうした特徴を持つ「のが」の文を、前章と同様に接続助
詞的な「のが」の文と呼ぶことにします。これらは、前章で
みた接続助詞的な「のを」の文とどのように異なるのでしょ
うか。

✤ 4.2　言語意識調査で見る「のが」の文の自然さ

　こうした接続助詞的な「のが」の文について、筆者は若干
容認度が低いものと感じますが、それが筆者だけの感覚なの
かどうか、以下の例文について複数の協力者に判断してもら
いました。調査は、「①自然で問題無く容認できる②少し不
自然さを感じるが容認できる③不自然で全く容認できない」
の三段階で判定してもらいました。

　なお、4.2 の調査の判定文として実例を用いたのは(4)の
みです。その他の判定文は実例を元にした作例です（元とな
る実例は 4.5 で観察します）。

(4) 入院中は、毎日のように彼女が見舞ってくれた。（中
　略）それでも、心細さは消えなかった。都内の実家を
　離れ、一人暮らしを始めて 3 年目。<u>ろくに実家に帰る
　ことはなかった</u>**のが**毎日、病院の公衆電話から家族の
　声を聞いた。　　　　　　　　　　　　　　　　（「患者」）
(6) <u>ふだんは静かで遠慮がちにさえみえる</u>**のが**、ひとつの

話題に夢中になるとしゃべりまくる。

(7) 田中は書類を山本に渡すはずだった**のが**、山本が不在だったので林に手渡した。

(8) 教員の私も学生も女性同士で、静かに文章を作る勉強をやりましょう、とそんな気持ちで始めた**のが**、往時の倍の七十人近くが席を占めている。

(9) どうにかして母親の愛情をつなぎとめるのが幼いときからの彼の最大の関心事だった**のが**、こうみなに死なれてみるとはりあいというものがまったくなくなったも同然である。

(10) どの作品もあんまりなじめなかった**のが**、この作品に出会ってなにかほっとしている。

　調査の結果は以下の表1の通りで、やはり、少し不自然だと判定する人が多い結果となりました。

表1　逸脱的な特徴を持つ「のが」の文の容認度調査結果
(東京の大学生 2018年 32人 (4)・2012年 48人 (6)〜(10))
自然＝2点 少し不自然＝1点 全く不自然＝0点の平均値

例文	(4)	(6)	(7)	(8)	(9)	(10)
容認度	0.91	1.19	1.17	1.13	1.13	1.04

　日本語母語話者は、逸脱的な特徴を持つ「のが」の文を、不自然ながらも何らかの意味に理解して受け入れているわけです。では、それはどのような意味なのでしょうか。また、接続助詞的な「のを」の文とどのように異なるのでしょうか。逸脱的な特徴を持つ例文を収集して観察してみましょう。

❧ 4.3　逸脱的な「のが」の文と二つの〈状態変化〉自動詞文

　実例を集めて観察する前に、集めるべき接続助詞的な「のが」の文についてはっきりさせておく必要があります。

　実は、「のが」の文の実例について筆者は不思議に思ったことがあるのです。筆者と同様に、ある「のが」を接続助詞的だとしている研究があるのですが、その研究で挙げられている接続助詞的な「のが」の実例には、筆者の観点（＝pp.104-105 の(5)）から見れば逸脱的な特徴が無いと言えるものがたくさん含まれているのです。筆者は、「のが」と結びつく述語が無いような、逸脱的な「のが」の文のみを接続助詞的な「のが」の文としていますが（図１のa）、他の研究ではaにプラスして、逸脱的な特徴の無い「のが」の文（図１のbc）のうちの一部（図１のb）も、接続助詞的な「のが」の文としているものがあるということです。

筆者の研究における　　　　　　　　　　他の研究における
接続助詞的な「のが」の文　　　　　接続助詞的な「のが」の文

逸脱的な特徴のある「のが」の文	逸脱的特徴の無い「のが」	の文
a	b	c

図１　接続助詞的な「のが」の文の認定の異なり

　例えば次の例は逸脱した「のが」の文と言えるでしょうか。

（11）目が離せないのはシリア情勢で、ここ数日緊迫していた**のが**さらに<u>悪化した</u>。

「悪化する」という動詞は状態変化を表しますが、「<u>病状</u>が悪化する」「<u>戦況</u>が悪化する」の下線部の名詞のように、〈状態〉を表す名詞を主格とすることができます。その〈状態〉が「病状」「戦況」のような名詞ではなく、「ここ数日緊迫していたの」のように、節に名詞化辞「の」が付いた形式で表されることもあると考えれば、（11）は「～のが」と「悪化した」が結びついていると言えるのであり、pp.104-105 で示した（5）①「後続に結びつく述語が無い」という逸脱的な特徴は無いということになります。

　つまり、筆者の観点からすれば、（11）は次の（12）と同じ仲間であり、何ら逸脱の無い文だと考えられるのです。しかし、（11）のような文も、逸脱のある文とともに接続助詞的な「のが」の文としている研究があるというわけです。

（11）目が離せないのはシリア情勢で、<u>ここ数日緊迫していた</u>**のが**さらに<u>悪化した</u>。
（12）<u>シリア情勢</u>**が**<u>悪化した</u>。

　（11）と（12）はともに〈状態変化〉を表す自動詞が述語となる文です。〈状態変化〉を表す自動詞とは以下のようなものです。

【12】状態変化自動詞
　　例　変わる・変化する・なる・治る・溶ける・悪化する・
　　　　好転する・急転する・あたたまる・冷める・曲がる・
　　　　黄ばむ・白む・白化する・赤らむ・崩れる・折れる・

壊れる・裂ける・倒れる・あふれる・落ちる・沈む・
ふくらむ・しぼむ・のびる・ゆがむ・細る・弱る・強
まる・満ちる・増える・減る・上昇する・低下する・
収まる・落ち着く…

　こうした〈状態変化〉の自動詞を述語とする文は、人や事
物を表す名詞が主格となりその状態変化を表します（以下の
(13)(16)）。しかし、これまであまり指摘されてこなかっ
たことですが、それだけではなく、状態を表す名詞が主格と
なることもでき（以下の(14)(17)）、さらに、その状態
を、名詞ではなく「〜のが」の形で表すこともできる（以下
の(15)(18)）と筆者は考えています。

(13) 幸夫が占い師の一言で自信家に変わった。　　＝人
(14) 幸夫の病状が悪いステージに変わった。　　＝状態
(15) よいステージだったのが悪いステージに変わった。
　　　　　　　　　　　　　　＝「〜のが」による状態
(16) シリアが退避勧告レベルに悪化した。　　＝事物
(17) シリア情勢がここ数日でさらに悪化した。　＝状態
(18) ここ数日緊迫していたのがさらに悪化した。
　　　　　　　　　　　　　　＝「〜のが」による状態

　主格が状態の意味である〈状態変化〉の自動詞文の中で
も、その状態が「〜のが」の形で表される(18)「ここ数日
緊迫していたのがさらに悪化した」のような文は、「〜の
が」の部分で〈状態変化する前の状態〉を詳述しています。

109

同じように主格が状態の意味である〈状態変化〉の自動詞文であっても、（17）「シリア情勢が悪化した」のような［名詞＋が］の文とはその点が異なります。［名詞＋が］の文は単に〈状態変化〉を表すだけで、その変化の前に「シリア情勢」がどのような状態であったかまでは詳しく述べていないのです。

（18）ここ数日緊迫していた**のが**さらに悪化した。
　　　　　　　　　　　　＝ある状態から異なる状態への変化
（17）シリア情勢がここ数日でさらに悪化した。
　　　　　　　　　　　　＝ある状態の変化

　このように、［～のが＋状態変化自動詞］の文は、「～のが」の部分で、ある一つの状態（＝〈ここ数日緊迫していた状態〉）を表し、それが自動詞で表されるような異なる状態（＝〈悪化した状態〉）に変化したことを表します。こうした、ある〈状態〉が異なる〈状態〉に変化する意味を〈変遷〉と呼ぶことにすると、［～のが＋状態変化自動詞］の文は、いずれも、〈変遷〉を表すのです。これを《〈変遷〉自動詞構文》と呼ぶことにします。後述しますが、筆者は、この構文をベースとして、逸脱的な「のが」の文が成り立っているのではないかと考えています。
　ここまで、逸脱的な「のが」の文の観察の準備として説明してきた〈状態変化〉の自動詞文を整理すると以下のようになります。

110

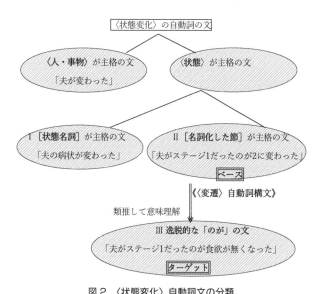

図 2　〈状態変化〉自動詞文の分類

　さて、以上のように、筆者は「シリア情勢がここ数日で悪化した」も「ここ数日緊迫していたのがさらに悪化した」もいずれも自然な文であると判断しました。しかし、既に述べたように、後者を、逸脱的な特徴を持つ「のが」の文と一緒にして接続助詞的な「のが」の文とする研究があります。

　そこで、もしかしたら、後者のような文を接続助詞的な「のが」の文とする研究者は、状態を表すのに名詞ではなく［節＋名詞化辞「の」］の形式で表すということ自体に、違和感を覚えるのかもしれないと思いました。つまり、〈状態変化〉を表す文には下図のような拡張の三段階 I ～ III があり、それぞれの段階の自然さについて、A の判定をする者

（筆者）、Bの判定をする者、というように、人により異なる可能性があると考えたのです。この拡張の三段階は一つの仮説です。

	Aの判定	Bの判定
I シリア情勢がさらに悪化した ↓	○	○
II 緊迫していたのがさらに悪化した （逸脱的な特徴が無い「のが」の文） ↓	○	△?
III 緊迫していたのが銃撃戦が始まった （「のが」と結びつく述語が無いなど、 逸脱的な特徴がある「のが」の文）	△	×?

図3 判定者による容認度の差と拡張段階の仮説

この仮説を、言語意識調査で確かめてみました。調査は2012年東京の大学生48人に行い、以下の文の自然さを「①自然で問題なく容認できる②少し不自然だが容認できる③不自然で全く許容できない」の三段階で判定してもらいました。判定文は、いずれも文末が〈状態変化〉の自動詞を述語とする「のが」の文で、状態を表す主格の「～のが」と結びつく述語がある、つまり、逸脱的特徴の見当たらない、拡張の三段階のIIに相当する文です。

調査の結果を、自然＝2点／少し不自然＝1点／不自然＝0点の平均値（小数点第三位以下四捨五入）で示したのが、例文番号の後の丸括弧の数値です。

（19）（1.81）二十億ドルだった**のが**、九十一億ドルには<u>ね上がった</u>。

（20）（1.67）延滞額が融資額全体の二二％だった**のが**、三

四％と急激に悪化している。

（21）（1.31）ほんの数カ所を換えるというはずな**のが**、会社中の机を動かすというような大ごとになってしまった。

　（19）は2点に近く、割と高い容認度、（21）は1点に近く高い容認度とは言いにくい程度、というように三文の容認度は同程度とは言えません。それでも、すべて1.3点から2点の間に収まっており、自然さはやや落ちるものの、結びつく述語が不在で拡張のⅢに相当する先述の（4）（6）～（10）よりは容認度が高いものと言えそうです。

表2　逸脱的な特徴を持つ「のが」の文の容認度調査結果

（東京の大学生2018年32人（4）・2012年48人（6）～（10）（19）～（21））
自然＝2点 少し不自然＝1点 全く不自然＝0点の平均値

例文	（4）	（6）	（7）	（8）	（9）	（10）	（19）	（20）	（21）
容認度	0.91	1.19	1.17	1.13	1.13	1.04	1.81	1.67	1.31
拡張段階				Ⅲ				Ⅱ	

グラフ1　「のが」文の容認度調査結果

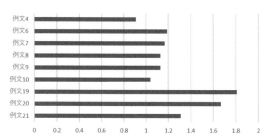

このように、研究者本人以外の複数者に対する言語意識調

査を行うと、研究者自身も気づかない微妙な差を知ることにもなります。まず、述語が〈状態変化〉の自動詞であり、その点で逸脱的特徴が無いように見える（19）〜（21）でも、容認度がやや落ちることがわかりました。また、同じタイプの（19）〜（21）の中でも容認度が異なることもわかりました。後者については、これ以上本書でとりあげませんが、今後も考えていきたいことです。

　ここでは、言語意識調査の結果から、主格が状態の意味を表す状態変化の自動詞文はⅠ→Ⅱ→Ⅲの順番に拡張が進み、より慣習的なⅠから慣習的ではないⅢに向けて容認度が下がっていくようだ、とだけ述べておきたいと思います。さらに幅広く言語意識調査を行ったり、実例収集による使用実態調査を行ったりすることによりⅠ→Ⅱ→Ⅲの順に使用頻度が落ちていくのかどうかを確かめるなどして、今後も考えていきたい問題です。

　以上をまとめておきます。

　一般に接続助詞的として研究される「のが」の文には、以下のⅡ・Ⅲの二つのタイプがあります。

Ⅱ　〈状態変化〉の自動詞を述語としその点での逸脱的特徴
　　が無いタイプ
Ⅲ　〈状態変化〉の自動詞を述語とせず、その点での逸脱的
　　特徴があるタイプ

　本書は、このⅡの「のが」の文をベースとしてⅢが類推され意味理解されるのではないかという予想を立てました。

　以下、本書では、Ⅱの「のが」の文は、主格が状態の意味
の《〈変遷〉自動詞構文》（＝逸脱的特徴の無い文）とし、
Ⅲのみを接続助詞的な「のが」の文（＝逸脱的特徴のある
文）と区別して観察していきます。

✤ 4.4　拡張段階ⅡとⅢの「のが」の文の実例観察

　レー・バン・クー（1988）は、逸脱的な特徴を持たない
「のが」の文（＝タイプⅡ）と逸脱的特徴を持つ「のが」の
文（＝タイプⅢ）を合わせて、接続助詞的な「のが」の文と
する研究の一つですが、多くの実例を挙げて詳細に分析して
おり、とても興味深いものです。本書の観点からレー・バ
ン・クー（1988）が接続助詞的な「のが」の文とする全
50 例を検討したところ、Ⅱに所属する例が 38 例、Ⅲに所
属する例が 12 例でした。この 50 例を筆者が観察してみ
ると、いくつかの特徴が浮かび上がりました。
　第一に、レー・バン・クー（1988）の 50 例には後続の
述語が「なる・変わる」などの〈状態変化〉の自動詞である
ことが多いという特徴があります（76％）。例えば次の
（22）では「悪化する」という状態変化自動詞が用いられて
います。

（22）同社の内部資料によると、<u>昨年十月は一日以上の延
　　　滞額が融資額全体の二二％だった</u>**のが**、<u>今年二月に
　　　は二九％</u>、<u>三月には三一％</u>、<u>四月には三四％</u>と急激
　　　に<u>悪化</u>している。

　　　　　　　　　　（レー・バン・クー（1988）「朝日新聞」）

第二の特徴として、変化後の状態を表す句が文の中に現れることが多いという特徴がありました（62％）。上記（22）で説明すると、波下線部のように「のが」の後に「二九％」・「三一％」・「三四％と」という形で、変化後の状態が明示されています。

　第三に、「のが」の前は（22）の二重下線部のように「〜た・ていた」形や「〜はずだ・つもりだ」形が多く、「〜のが」の部分である時に確定された様態や、確定された予定の様態を表すという特徴がありました（98％）。

　第四に、二つの時点の推移を表す時間的要素が一文に共起したり、推移する条件や契機を表す要素が共起したりすることが多いという特徴がみつかりました（98％）。（22）では下線部のように「のが」の前に「昨年十月は」とあり、それに対して「のが」の後に「今年二月には」「三月には」「四月には」のようにあります。このように「のが」の前後に時間的推移を表す要素が現れていることがとても多いのです。

　なお、推移する条件や契機を表すものとは次のような例です。

（23）豊子は坐るとすぐ口早に倫の言葉を取次いだ。病人の囈言として話すつもりだった**のが**、<u>言葉に出すと</u>、倫がのり憑っているように真剣に上わずった声になった。（レー・バン・クー（1988）円地文子「女坂」）

　この例では「言葉に出すと」が契機となり、うわずった声になるような状態の変化が生じたことが述べられているので

す。

　このような、Ⅱ・Ⅲの「のが」の文に見いだされた四つの特徴を見ると、レー・バン・クー（1988）が接続助詞的な「のが」の文だと判断して収集した実例は〈変遷〉を表す文であることがよくわかります。この四つの特徴は、［〜のが＋〈状態変化〉の自動詞］という形式が、「〜のが」がある時点での確定された一状態を表し、「のが」の後続ではそれと異なる時点で異なる状態に変化したことを表す特徴です。

　ところで、ある状態①が異なる状態②へと変化する〈変遷〉の意味は、二つの状態①・②を統括する観点、すなわち二つの状態に共通の所属先や所有者があってこそ、理解できるものです。

図4　「のが」の文の〈変遷〉の意味

　例えば、（22）であれば、「一日以上の延滞額」という統括する観点があり、その観点から二二％、二九％、三一％、三四％と変遷していることが述べられています。また、（23）は「豊子」が状態の所有者であり、その状態が「病人の囈言として話すつもりだった」状態から「真剣にうわずった声」の状態に変化したと解釈されます。

（22）同社の内部資料によると、昨年十月は<u>一日以上の延滞額</u>が融資額全体の二二％だった**のが**、今年二月に

は二九％、三月には三一％、四月には三四％と急激
に悪化している。

（レー・バン・クー（1988）「朝日新聞」）

図5　(22)の変遷の意味

(23) <u>豊子</u>は坐るとすぐ口早に倫の言葉を取次いだ。病人の
　　囈言として話すつもりだった**のが**、言葉に出すと、倫
　　がのり憑っているように真剣に上わずった声になっ
　　た。（レー・バン・クー（1988）円地文子「女坂」）

図6　(23)の変遷の意味

〈変遷〉を表す文とは、発話者が、ある人物や事物の二つ
の異なる状態を、一つの〈変遷〉という出来事としてまとめ
あげて表現した文です。この二つの異なる状態を統括する所
有者や所属先が理解できなければ、〈変遷〉の文は成り立た
ず、容認度は下がると考えられます。筆者の収集した拡張段
階Ⅱの〈変遷〉自動詞構文の実例で、この統括者がどのよう
に言語化されているかを調べてみました。その結果は表3
の通りです。

表3　拡張段階 II の「のが」文（35例）の状態所有者の言語化

I 言語的に顕示されているもの	…31例 88.6%	
①同じ文内に「は」で顕示	12例	同じ文内で顕示①〜④
②同じ文内に「も」で顕示	3例	
③同じ文内に「が」で顕示	5例	25例 71.4%
④同じ文内に他の格等で顕示	5例	
⑤先行文脈に顕示	6例 17.1%	
II 言語的に非顕示だが推定できるもの	…4例 11.4%	
⑥先行文脈・状況を手がかりに推定4例		

　調査の結果、「首都高は渋滞していたのが解消した」のように、二つの状態の統括者が主題や主格などで同じ文内に現れているものがほとんどでした（71.4%）。同じ文内に無くても、先行文脈で表されているものも加えると、変遷の統括者は88.6%が言語化されており、文脈や状況から推測しなければならない場合はわずかでした（11.4%）。

　以上のように、本節では、〈変遷〉自動詞構文の実例を観察し、様々な特徴を見出しました。次節では、逸脱的特徴を持つ III の「のが」の文に、以上のような特徴が見いだされるかどうか観察します。そして、本書の言う接続助詞的な「のが」の文が、どのような意味に解釈されるのかを検討してみましょう。

4.5　逸脱的な特徴を持つ「のが」の文の意味

　既に紹介した言語意識調査では、「のが」の後続にそれと結びつく述語が無いという逸脱的特徴を持つ(4)(6)〜(10)は、多くの人がいずれも不自然さがあると判定しました。これらの判定文の元の実例を観察してみましょう。逸脱

的な特徴を持つ「のが」の文に、前節で述べた〈変遷〉を表す「のが」の文の四つの特徴を見出すことはできるでしょうか。また、その文の意味はどのように解釈できるでしょうか（言語意識調査に用いた判定文の元となる実例は、判定文と同じ番号を振り、「'」を付けました）。

(4) 入院中は、毎日のように彼女が見舞ってくれた。（中略）それでも、心細さは消えなかった。都内の実家を離れ、一人暮らしを始めて3年目。<u>ろくに実家に帰ることはなかった</u>**のが**毎日、病院の公衆電話から家族の声を聞いた。　　　　　　　　　　　　　　　　（「患者」）

　(4)には四つの特徴のうち、第三の特徴、「のが」の前に「た」がくるという特徴しか見られません。しかし、「のが」の前で述べられている「ろくに実家に帰ることはなかった」という〈家族と疎遠〉な状態が、「毎日、病院の公衆電話から家族の声を聞いた」という〈家族と親密〉な状態に変化したと解釈できます。文の最後に状態変化自動詞が用いられていなくても、入院してしまったある人物の状態が〈ある状態から異なる状態に変遷している〉と解釈できるのです。

図7　(4)の変遷の意味

(6') <u>ふだんは静かで、遠慮がちにさえみえる</u>**のが**、ひとつ

の話題に夢中になると、口角泡をとばしてしゃべりま
くるのも、マッテオの特徴で、そんな彼を、友人のな
かにはあまりよくいわない人がいるのが、だんだん私
にもわかるようになった。　　　　　　　　（「地図」）

　(6')は、四つの特徴のうち、第四の特徴すなわち二つの
時点の推移を表す時間的要素や、推移する条件や契機を表す
要素が見出せます。「のが」の前に「ふだんは」、「のが」の
後に「ひとつの話題に夢中になると」とあり、普段とある条
件下（ひとつの話題に夢中になる時）とで状態が異なること
が述べられていると推測できるのです。ここで解釈されるの
は「静かで遠慮がちにさえみえる」〈静かな状態〉から「し
ゃべりまくる」〈うるさい状態〉への変化です。そして、そ
れは文脈上「静かで遠慮がちに見える」マッテオの状態の変
遷であると解釈できます。

図8　(6')の変遷の意味

　このように、述語に状態変化自動詞が無くても、「のが」
が用いられていること、〈変遷〉を表す文の何らかの特徴—
解釈の手がかり—があることに支えられて、例えば「緊迫し
ていたのがさらに悪化した」のような状態の「の節」を主格
とする《〈変遷〉自動詞構文》を類推のベースとし、うまく
解釈できるのだと思います。状態変化自動詞ではない、逸脱

した述語部分「家族の声を聞いた」「しゃべりまくる」など
が表す意味に重ねて、家族の声を毎日聞くような親密な状態
になる、しゃべりまくるようなうるさい状態になるという状
態の変化の意味が解釈されるということです。

　次の文は、「のが」の後に第二の「が」が出現するという
逸脱点を持っています。

(8') ここのミッション系大学に通い始めて十年余り。<u>もと
　　は女子大だった</u>。<u>教員の私も学生も女性同士で、大き
　　な声を出すこともなく静かに文章を作る勉強をやりま
　　しょう、とそんな気持ちで通い始めた**のが**</u>、男女共学
　　になって学生数も増え、<u>現在の文章講座の教室には</u>往
　　時の倍の七十人近く**が**席を占めている。　　（「縦横」）

　この文の述語「占めている」の主格は「往時の倍の七十人
近くが」ですので、「のが」と結びつく述語はありません。
しかし、〈変遷〉を表す文の特徴である、「のが」の前の
「た」や、「のが」の前に「もとは」、後ろに「現在の〜は」
といった時間的推移を表す表現を見出すことができます。こ
うした手がかりから、下線部の「〜のが」からは〈受講者が
少なく静かな授業〉の状態が、「のが」の後の叙述からは
〈受講者が倍になり賑やかな授業〉の状態が解釈できます。
これも、いくつかの手がかりから《〈変遷〉自動詞構文》を
ベースとして選び、その〈変遷〉の意味を、逸脱的な述語部
分に重ねて解釈しているのだと思います。この場合、「占め
ている」という述語だけではなく、「七十人近くが席を占め

ている」といったまとまりの表す意味を、〈大勢で賑やか〉
のような変遷後の状態として解釈するのです。

図9　(8')の変遷の意味

　(8')は「のが」の後に第二の「が」が出現するなど、形
の点から明らかに違和感があるのですが、実際には、そうし
た「のが」の文も散見します。次の(9')(24')も「〜のが〜
が述語」という形で、「のが」と結びつく述語がありませ
ん。

(9')　<u>自分は生まれたときから三人目の男の子でまたかと言
　　　われ、翌年生まれた妹はみなにいとしまれ、どうにか
　　　して母親の愛情をつなぎとめるのが、幼いときからの
　　　彼の最大関心事だった</u>**のが**、<u>こうみなに死なれてみる
　　　と</u>、はりあいというもの**が**、まったくなくなったも同
　　　然である。　　　　　　　　　　　　　　　　　　（「トリエステ」）

(24')　ジェラード・マンレー・ホプキンズは十九世紀のイ
　　　ギリスの詩人だが、<u>ながいあいだ、マイナーの宗教
　　　詩人としか考えられていなかった</u>**のが**、近年、再評
　　　価の声**が**高い。　　　　　　　　　　　　　　　（「トリエステ」）

　(9')は、「のが」の前に「た」があり、「のが」の後に

「こうみなに死なれてみると」といった推移を表す表現があります。これらが手がかりとなり、《〈変遷〉自動詞構文》として解釈され、〈他者よりも自分に母親の愛情をつなぎとめたい〉という心的状態が〈愛情をつなぎとめるはりあいがなくなった〉という状態に変化したと解釈されます。(24')は、同様に「のが」の前に「た」があり、また、「のが」の前に「長い間」、「のが」の後に「近年」という時間的推移を表す形式があることから、〈変遷〉の意味として〈マイナーな宗教詩人という低い評価〉が〈再評価という高い評価〉に変化したと解釈されます。

ある人物の心的状態	
〈母の愛情をつなぎとめるはりあいがある〉→	→ 〈はりあいがない〉

図10 (9')の変遷の意味

ホプキンズの評価	
〈マイナーな宗教詩人という低い評価〉	→ 〈再評価するという高い評価〉

図11 (24')の変遷の意味

　このように、二つの主格が登場するなど明確な逸脱点があるにもかかわらず、これらの文の意味は理解することができます。その過程では、[〜のが述語]という形であることをはじめとした《〈変遷〉自動詞構文》との共通点を見いだし、逸脱的な部分に、〈異なる状態に変化した〉という意味を創造的に解釈することが行われていると思います。

　逸脱的特徴を持つ「のが」の文で筆者が特に興味深く思ったのは、次の例です。

（25'）骨壺の中に手をさし込み、油紙に包んだものをとり
　　　　出した。ネガが三枚、手札型のプリントが五枚。<u>も
　　　　と六枚だった</u>**のが**、一枚は「通訳」の杉浦雄之輔の
　　　　「顔写真」に利用した。
　　　　（レー・バン・クー（1988）松本清張「聖獣配列」）

　この文の述語「利用した」と結びつく主語が誰であるか
は、この範囲からはわかりませんが、意図を持ったある人物
です。他方、「のが」の前にある述語「もと六枚だった」の
主語は、この文脈から「写真のプリント」であると理解でき
ます。つまり、「<u>（写真のプリントは）もと六枚だったのが、
一枚は（ある人物が）杉浦雄之輔の「顔写真」に利用した</u>」
と理解されます。そのように補っても、この下線部だけでは
〈変遷〉の意味はよくわかりません。しかし、その前の文
「手札型のプリントが五枚。」から順に読み進めている読者
にとっては「<u>（写真のプリントは）もと六枚だったのが、一
枚は（ある人物が）杉浦雄之輔の「顔写真」に利用した</u>**（た
めに五枚になった）**」というように解釈できるでしょう。つ
まり、写真のプリントが六枚であった状態が、五枚の状態に
変化したという〈変遷〉の意味です。

図12　（25'）の変遷の意味

　この例文は、実際の文の意味とは、その文だけではなく、
その前から文脈上理解した意味やそこから推測される意味の

蓄積があるため、逸脱点があったとしてもさして不自然さを感じることもなく理解されるものなのだ、ということを教えてくれます。文の意味の研究は、文文法という研究分野だけではなく、場面や文脈を加味して言語の意味を考察していく語用論や文章論、談話分析といった研究領域にも関わるものなのです。

　次に、二つの異なる状態を一つの〈変遷〉として理解するために必要な、統括的な状態の所有者が、逸脱的な「のが」の文ではどのように言語化されているかも見ておきましょう。

表４　逸脱的「のが」文（24 例）の状態所有者の言語化

Ⅰ 言語的に顕示されているもの	…15例　62.5%	
①同じ文内に「は」で顕示	2例	同じ文内で顕示①～④
②同じ文内に「も」で顕示	0例	
③同じ文内に「が」で顕示	1例	4例　16.7%
④同じ文内に他の格等で顕示	1例	
⑤先行文脈に顕示	11例　45.8%	
Ⅱ 言語的に非顕示だが推定されるもの	…9例　37.5%	
⑥先行文脈・状況を手がかりに推定　9例		

　調査の結果、逸脱的な「のが」文の場合も、二つの状態の統括者が言語で表されている場合が多く、62.5％でした。しかし、表３で示したように、逸脱的な特徴の無い〈変遷〉の「のが」の文の場合には 88.6％だったのからすると、言語に頼らずに推論する場合がかなり多くなっています。逸脱の無い「のが」の文の場合、言語で表されていないものの割合は 11.4％でしたが、逸脱的な「のが」の文の場合は37.5％となっているのです。また、言語化されていても、

逸脱の無い〈変遷〉の「のが」の文の場合は、同じ文内で所有者が示されているものが 71.4％とほとんどでしたが、逸脱的な「のが」の文の場合には、わずか 16.7％です。言語化されていても、同じ文内ではなく、一つ前の文で示されている場合が、45.8％と高いのです。

　逸脱的な「のが」の文の場合には、定着している〈変遷〉構文に比べると、〈変遷〉の意味理解に欠かせない統括者の言語化がなされなくなっており、この点でも、典型から離れていることがわかります。

✿ 4.6　「のが」の文の容認度の違いを生む要因

　これまで、逸脱的な特徴を持つ様々な「のが」の文を観察してきました。それらは逸脱の無い「のが」の文と比べると容認度が落ちますが、その容認度は比較的高いものから低いものまで様々です。本書でここまで観察してきた、拡張段階 Ⅱ の、述語が状態変化自動詞で逸脱的特徴が無い「のが」の文と、拡張段階 Ⅲ の、「のが」と結びつく述語が無い、逸脱的な「のが」の文の両方について、その容認度調査の結果を高い順に示してみます（表5）。

　（この言語意識調査の判定文も実例を元に作例しています。元となる実例には「'」を付けて区別して示しています。）

表5　逸脱的な「のが」文の容認度調査結果（東京の大学生 2012年 48人）

自然＝ 2点少し不自然＝ 1点全く不自然＝ 0点の平均値

例文番号	容認度	例文	拡張段階
(19)	1.81	二十億ドルだった**のが**、九十一億ドルにはね上がった。	
(20)	1.67	延滞額が融資額全体の二二％だった**のが**、三四％と急激に悪化している。	II
(21)	1.31	ほんの数カ所を換えるというはずな**のが**、会社中の机を動かすというような大ごとになってしまった。	
(6)	1.19	ふだんは静かで遠慮がちにさえみえる**のが**、ひとつの話題に夢中になるとしゃべりまくる。	
(7)	1.17	田中は書類を山本に渡すはずだった**のが**、山本が不在だったので林に手渡した。	
(8)	1.13	教員の私も学生も女性同士で、静かに文章を作る勉強をやりましょう、とそんな気持ちで始めた**のが**、往時の倍の七十人近く**が**席を占めている。	
(9)	1.13	どうにかして母親の愛情をつなぎとめるのが幼いときからの彼の最大の関心事だった**のが**、こうみるに死なれてみるとはりあいというもの**が**まったくなくなったも同然である。	III
(10)	1.04	どの作品もあんまりなじめなかった**のが**、この作品に出会ってなにかほっとしている。	
(25)	1.00	写真のプリントが五枚あった。もと六枚だった**のが**、一枚は「通訳」の杉浦雄之輔の「顔写真」に利用した。	
(24)	0.94	ホプキンズは十九世紀のイギリスの詩人。ながいあいだマイナーな宗教詩人としか考えられていなかった**のが**、再評価の声が高い。	

グラフ2　「のが」文の容認度調査結果（2012年調査）

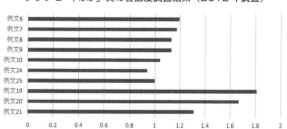

　表 5・グラフ 2 が示すように、拡張段階 II の「のが」の
文(19)～(21)の容認度は相対的に高く、「のが」と結びつ
く状態変化自動詞を述語に持たない拡張段階 III の(6)～
(10)・(24)～(25)の容認度は 0.94 ～ 1.19 と、それより
りも下がっています。
　その中で筆者が注目するのは(8)(9)(24)の容認度です。
例えば(24)は最低の容認度です。

(24)(0.94) ホプキンズは十九世紀のイギリスの詩人。な
　　　　　　がいあいだマイナーな宗教詩人としか考えら
　　　　　　れていなかった**のが**、再評価の声**が**高い。

　この 3 例は述語が状態変化自動詞ではないということも
ありますが、「のが」の後に第二の「が」が登場するという
ことも容認度を押し下げる要因になっているのではないかと
思います。繰り返しになりますが、もしも逸脱的な特徴を持
つ「のが」が、「のに」と同じように接続助詞への変化が完
了しているのであれば、二つの異なる事態をつなげるものと
して、「のが」の後にもう一つの「が」が用いられることに
違和感はないはずです。しかし、表 3 やグラフ 2 が示すよ
うに、これらは拡張段階 III の例文の中でも容認度が比較的低
くなっています。
　以上の結果から、述語部分に「のが」と結びつく状態変化
自動詞が無い場合・二つ目の「が」が生起し「のが」と結び
つく述語が無い場合(＝拡張段階 III)は、ベースとなる、
《〈変遷〉自動詞構文》からの隔たりが大きく、容認度が下

がるのだと考えられます。

✿ 4.7 「のが」の〈逆接〉の意味はどこから？

接続助詞的な「のが」の文が《〈変遷〉自動詞構文》を類推のベースとするということは、「〜の」節全体が名詞的要素であり、「が」が主格を表す格助詞の機能を果たすということです。では、「のが」の文に指摘される、「のに」に似た逆接の意味はどこから生じるのでしょうか。それは、接続助詞「のに」とどのように異なるのでしょうか。

4.7.1 〈状態変化〉自動詞構文に見られる逆接的な意味

第3章で述べたように、〈逆接〉とは〈前後に起こる二つの事態が、予測とその予測に反する関係にある〉、接続の意味です。第3章では、接続助詞的な「のを」は「〜のに」や「〜けれども」と似たような意味を表すけれども、それは、接続助詞的な「のを」の文が《〈対抗動作〉他動詞構文》をベースとして、その構文の表す〈対抗動作〉の意味を表すものだから、と説明しました。〈対抗動作〉は、予測される自然な方向を遮ったり変化させたりする意味なので、ここから逆接の接続助詞のような意味が感じとられるのだ、ということです。

では、続助詞的な「のが」の文はどうでしょうか。

筆者は、接続助詞的な「のが」の文も、ベースとする《〈変遷〉自動詞構文》の意味に付随して〈逆接〉の意味が感じとられるのだと考えています。

本書でいう〈変遷〉とは、ある確定的な一状態から異なる

状態に変化するという意味でした。この、「ある確定的な状態」とは、そのまま維持され変化することはないという自然な予測を呼びやすい状態だと言えるでしょう。そうすると、その後に起こる異なる状態への変化とは、予測される自然な状態に反する事態ということになります。そこで、〈変遷〉の意味に〈逆接〉の意味が感じとられやすいということなのだと思います。だとすると、いつでも接続助詞的な「のが」の文に〈逆接〉の意味が解釈されるわけではないはずです。例文で確認してみましょう。

　以下の文は、拡張段階Ⅱの《〈変遷〉自動詞構文》とそれをベースとする、拡張段階Ⅲの接続助詞的な「のが」文です。

「拡張段階Ⅱ」

（26）玄関を飾るタペストリーが派手だった**のが**、時を経て普通の色味になった。

（27）せっかく、タペストリーが派手だった**のが**、時を経て普通の色味になってしまった。

「拡張段階Ⅲ」

（28）玄関を飾るタペストリーが派手だった**のが**、時を経て色味が飛んだ。

（29）せっかく、タペストリーが派手だった**のが**、時を経て色味が飛んでしまった。

　（26）（28）は、派手だったタペストリーが普通になったり色味が飛んだりしたことが、予測や期待に反することなの

かどうかわかりません。しかし、(27)(29)は、「せっかく〜」「〜てしまった」という表現が手がかりとなり、その〈変遷〉が予測や期待に反するものであることがわかります。この場合には、「せっかくタペストリーが派手だったのに」と言い換えられるような逆接的な意味合いが色濃く感じられるでしょう。

　ちなみに、接続助詞的な「のが」の文のさらに大もとの、ごく普通の状態を表す名詞を主格とする〈状態変化〉の自動詞文(=拡張段階Iの文)であっても、(31)のように、その変化の後の状態が発話者の予測や期待に反するものだと解釈できる場合があります。

「拡張段階I」
(30) 玄関を飾るタペストリーの<u>派手さ**が**</u>、時を経て普通
　　 の色味になった。
(31) せっかくのタペストリーの<u>派手さ**が**</u>、時を経て普通
　　 の色味になってしまった。

　以上の例文を観察すると、「のが」を主格とする文は、基本的に〈変遷〉を表すだけであり、文脈上「せっかく」「てしまった」などの力を借りるなど、期待に反する〈変遷〉だとわかる場合には、逆接的な意味が色濃く感じられるのだと言えるでしょう。

　これに対して、「のに」「けれども」など、〈逆接〉を表す接続助詞として確立しているものを用いた場合には、否応なく、予測や期待に反する事態が生じたという意味に解釈され

ます。「のが」は〈逆接〉の意味の結びつきが確立している
わけではないけれども、「のに」は確立しているということ
です。

（32）玄関を飾るタペストリーが派手だった**のに**、時を経
　　　て普通の色味になった。

　次の例文も比較してみましょう。それぞれの自然さを判断
してみてください。

「拡張段階Ⅱ」
（33）もともと頭のよい人だった**のが**、良い友人を得てま
　　　すます領域を広げて活躍するようになった。
（34）もともと頭のよい人だった**のが**、悪い友人につかま
　　　り詐欺まがいなことをするようになった。
「拡張段階Ⅲ」
（35）もともと頭のよい人だった**のが**、良い友人を得てま
　　　すます活動領域が拡大した。
（36）もともと頭のよい人だった**のが**、悪い友人につかま
　　　り詐欺が生業になった。
「「のに」の文」
（37）？もともと頭のよい人だった**のに**、良い友人を得てま
　　　すます活動領域が拡大した。
（38）もともと頭のよい人だった**のに**、悪い友人につかま
　　　り詐欺が生業になった。

（33）（35）（37）、（34）（36）（38）はそれぞれ同じ文脈情報を持つ文です。「のが」の文の場合には単にもともとの状態からその後の状態への〈変遷〉を表すことが基本なので、普通に予測される流れや期待される方向へのさらなる変遷（33）（35）も、期待に反する方向への変遷（34）（36）も成り立ちます。しかし、「のに」の場合には、期待される方向へのさらなる変遷の（37）の場合は解釈がとても難しく違和感がありませんか？　期待に反する方向への変遷の（38）ならしっくりくると思います。ここからも、「のが」と「のに」の意味の異なりがよくわかります。

　接続助詞的な「のを」が、《〈対抗動作〉他動詞構文》の意味に付随して逆接的な意味が感じられる場合があるのと同様に、接続助詞的な「のが」も、《〈変遷〉自動詞構文》の意味に付随して逆接的な意味が感じられる場合があるということです。

4.7.2　容認度の点から見る「のに」と「のが」

　接続助詞「のに」を用いた文は、その述語として、様々な意味の動詞が現れることができます。「のに」の「に」はもともと格助詞の「に」であったと考えられますが、現在の「のに」は、例えば、その後続に来る述語が二格と結びつく動詞でなくても容認度は下がりません。例えば次の（39）は「のに」の後に「に」格と結びつく動詞が現れていませんが、違和感がありません。つまり、「のに」の「に」は格助詞としての意味はもはや無く、「のに」全体で接続助詞化しているということです。

（39）男は全く抵抗しなかった**のに**、警官は男を<u>叩きのめした</u>。

　また、次の（40）のように形容詞であっても、（41）のように［名詞＋だ］であっても容認度は下がらないことが確認できます。

（40）田中さんは老け込んだ**のに**、山田さんは<u>若々しい</u>。
（41）本学は予選落ちな**のに**、ライバル校は<u>一位だ</u>。

　他方、接続助詞的な「のが」の文は、ベースとなる構文の意味に見合うようにその述語句全体を〈状態変化〉自動詞の持つ意味に解釈するものと考えました。そのため、その解釈の手がかりが少なく、ベースとなる構文からの隔たりが大きいほど容認度は低くなると 4.6 で述べました。その述語部分が形容詞や［名詞＋だ］の形式だと、〈状態変化〉自動詞としての理解がしにくく、同じように述語が逸脱的であるものと比べても容認度が下がるのです。ここでは、定着している逆接の接続助詞との違いを、言語意識調査で確かめてみましょう。

　まず、「のに」の調査は無いのですが、「のに対して」の筆者の調査があるので紹介します。2018 年 7 月、東京のＡ大学の学生 32 人（母語話者）に行った調査で、提示文についての容認度を「①問題無く容認できる②少し不自然だが容認できる③不自然で全く容認できない」の三段階で判断してもらったものです。その結果を、①を 2 点②を 1 点③

を 0 点とした平均値で例文番号の右に記しました。

(42)（1.78）A 君の身長が 110 cm である**のに対して**、
　　　　　　　B 君の身長が 100 cm である。
(43)（1.63）昨日の気温が 25 度だった**のに対して**、今朝
　　　　　　　の気温が 26 度だ。

　調査の結果からは、述語が［名詞＋だ（である）］の「の
に対して」の例文(42)(43)はどちらも容認度が高いと言
えるでしょう。
　次に、接続助詞的な「のが」の文の調査は、2018 年 6
月、東京の B 大学の学生 16 人（母語話者）に行いました。
調査は「のに対して」文と同じく三段階で判断してもらい，
平均値を例文番号の右に記しました。

(44)（0.44）A 君の身長が 110 cm である**のが**、B 君の
　　　　　　　身長が 100 cm である。
(45)（0.66）指揮者の左側に女性が 15 人並んでいる**の**
　　　　　　　が、右側は男性が 12 人並んでいる。
(46)（0.66）北向きの部屋はとても寒い**のが**、南向きの部
　　　　　　　屋はぽかぽかと暖かい。
(47)（1.07）千代田区は昼間人口が約 85 万人である**の**
　　　　　　　が、夜間人口は約 6 万人である。
(48)（1.22）昨日の気温が 25 度だった**のが**、今朝の気温
　　　　　　　が 26 度だ。

　以上の（44）〜（48）は第二の「が」が出現するなど「の
が」と結びつく述語が無い、逸脱的な特徴を持つ「のが」文
です。この場合、ご覧の通り、いずれも（42）（43）の「の
に対して」文よりも容認度が下がっていることがわかりま
す。これをグラフでも見ておきましょう。

グラフ3　「のに対して」文・「のが」文容認度調査結果

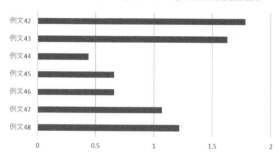

　このグラフ3が示すように、確かに「のに対して」文の
例文（42）（43）は容認度が高く、逸脱点のある「のが」文
の例文（44）〜（48）はそれよりも容認度が低いことがわか
ります。
　大変興味深いのは、同じ逸脱的な特徴を持つ「のが」の文
の中でも、例文（47）（48）は例文（44）〜（46）よりも相対
的に容認度が高いということです。この容認度の違いは、ど
こから生じているのでしょうか。
　（44）〜（48）は〈状態変化〉自動詞が述語でないという
点では同じです。しかも、（47）（48）は、最も容認度が低
い（44）と同じ［名詞＋だ（である）］という形式なのです。

それなのに(47)(48)の容認度が相対的に高いのはなぜで
しょうか。この三文を改めて観察してみましょう。

(44)(0.44) A君の身長が 110 cm である**のが**、B君の
　　　　　　身長が 100 cm である。
(47)(1.07) 千代田区は昼間人口が約 85 万人である**の
　　　　　　が**、夜間人口は約 6 万人である。
(48)(1.22) 昨日の気温が 25 度だった**のが**、今朝の気温
　　　　　　が 26 度だ。

　容認度が最低の(44)と、相対的に高い(47)・(48)は、
同じ［名詞＋だ（である）］の文、しかもいずれも主体の数
値を述べる文です。しかし、容認度が最低の(44)は、A君
の身長とB君の身長という「別人の身長」を述べており、
二つの数値の間に一方から他方へと時間とともに変化する関
係を解釈する余地が無いことがわかります。本書のことばで
言えば、二つの事態を統括するような状態変化の所有者を解
釈することができないということです。
　他方、相対的に容認度の高い(47)の二つの数値は、昼間
人口と夜間人口の値であり、昼間から夜間への時間的推移に
伴う数値の変化として解釈する余地があります。つまり、
「千代田区の人口」が二つの数値を統括する状態変化の所有
者であり、その一状態が異なる状態に変化するという、〈変
遷〉の自動詞構文の意味を当てはめる余地があるわけです。
この場合、［名詞＋だ（である）］という述語に「～になる」
といった状態変化自動詞の意味を創造的に解釈して、逸脱的

な文ながらなんとか容認できるのだということでしょう。

　相対的に容認度の高い(48)も、二つの数値は、昨日の気温と今朝の気温であり、昨日から今朝にかけての時間的推移に伴う状態の変遷として解釈することが可能です。この場合も、状態変化自動詞ではないにもかかわらず、気温についてある状態が異なる状態に変化したという動的な意味が解釈され、違和感がありながらも容認できると判断されているのだと考えられます。

　[名詞＋だ（である）]形式以外の逸脱の例も観察してみましょう。次の(45)は述語が〈動作〉の意味の自動詞、(46)は述語が形容詞の例ですが、(47)(48)よりも容認度はかなり低い結果となりました。この容認度の低さも、〈変遷〉の意味を解釈する余地がないことに起因するものと思われます。

(45)(0.66)　指揮者の左側に女性が15人並んでいる**のが**、右側は男性が12人並んでいる。
(46)(0.66)　北向きの部屋はとても寒い**のが**、南向きの部屋はぽかぽかと暖かい。

　(45)は左側と右側の人々の状態を述べており、左側から右側への時間に伴う変化の意味が読み取れませんし、(46)も、北向きの部屋と南向きの部屋の状態を述べており、北向きの部屋から南向きの部屋への時間的変化の意味が読み取れないためでしょう。

　以上の観察からわかるように、逸脱的な特徴を持つ「の

が」の文は、時間的な〈変遷〉の意味解釈がしやすい場合であれば、たとえ、通常、時間的変化の意味を表さない［名詞＋だ（である）］形式の文であっても、容認度が多少高くなるのです。

　他方、「のに対して」は、時間的変化が読み取れない(42)も、読み取れる(43)も、同様に容認度が高かったのでした。

(42)(1.78) A君の身長が110 cmである**のに対して、**B君の身長が100 cmである。
(43)(1.63) 昨日の気温が25度だった**のに対して、**今朝の気温が26度だ。

　「のに対して」は述語のタイプを選ばず、また〈変遷〉の解釈の可否にかかわらず、広く二つの事態をつなげる機能を果たす接続助詞として機能を果たしているということです。
　ここで紹介した言語意識調査の結果からも、述語のタイプを選ばずに成り立つ接続助詞の文とは異なり、逸脱的な特徴を持つ「のが」の文は、《〈変遷〉自動詞構文》の〈変遷〉の意味解釈がしやすいものほど容認度が高くなる、そうでなければ大変低くなるということ、接続助詞「のに」「のに対して」とは異なり、現在では、「のが」の「が」は格助詞として機能しているのだということが確かめられました。

♀ 4.8　第4章のまとめ
　第4章では、逸脱的な特徴を持つ「のが」の文について

観察しました。要点は以下の通りです。

- 「のが」が [名詞節＋「の」＋格助詞「が」] だとすると、実際に用いられる文の中には、それと結びつく述語が無い、逸脱的な「のが」の文がある。
- 逸脱的な「のが」の文には、主格が「状態」の意味を表す《〈変遷〉自動詞構文》が持つ四つの特徴を見出すことができる。
- 逸脱的な「のが」の文は、ある状態を所有する者に関して、その一つの状態が、異なる状態に変化するという、〈変遷〉の意味を表す。
- 逸脱的な「のが」の文に〈変遷〉の意味が解釈されるのは、「変わる・なる」などの〈状態変化〉自動詞からなる、《〈変遷〉自動詞構文》からの類推である。
- 逸脱的な「のが」の文は、類推のベースである《〈変遷〉自動詞構文》から離れるほどに、容認度が低くなる。
- 逸脱的な「のが」の文の「のが」は、接続助詞「のに」などと言い換えられるように感じられるが、接続助詞に変化しているわけではない。その逆接的な意味は、〈変遷〉の意味に付随して生じるものである。

　結論として、第３章で考察した接続助詞的な「のを」の文と、第４章で考察した「のが」の文とは、それぞれ、状態変化他動詞と状態変化自動詞を用いた文から拡張した文であり、前者は〈対抗動作〉という他動詞文らしい変化、後者は〈変遷〉という自動詞文らしい変化を表すものと言えそう

です。

【調べてみよう・考えてみよう】

1. 次の「のが」の文はどのような点で他の「のが」の文と
   同じか・異なるかを、考えてみましょう。また、それぞれ
   の仲間になる「のが」の文を作例してみましょう。
   （1） 変なのが写ってる！
   （2） これをまとめたのが図1です。
   （3） 教室にピアノが置いてあったのが無くなった。

2. 接続助詞的な「のが」の文の実例を探し、どのような特
   徴が見出せるか、観察してみましょう。拡張段階のⅢだけ
   ではなく、Ⅱに相当する実例も探して考察してみましょ
   う。

3. 本書で紹介した「のが」「のに対して」についての内省
   判断調査を検証してみましょう。さらに異なる例文でも調
   査してみましょう。

5章 「のが・のを」と「のに・ので」 の違い─名詞性

✿ 5.1　名詞性とは何か

　第3章では逸脱的な「のを」、第4章では逸脱的な「のが」について考察し、どちらも格助詞「を」「が」の意味が保たれていることを見ました。「の」は、その前の節を名詞化して、格助詞「を」「が」と結びつけており、「のに」がこのまとまりで一つの接続助詞であるのとは異なると述べました。

　このように、「のを」「のが」の「を」「が」が格助詞であるならば、その前の「〜の」の部分には名詞性（＝名詞らしい特徴）が認められるはずです。格助詞「を」「が」は、「傘を」「雨が」のように、名詞に付くものだからです。接続助詞「のに」「ので」でまとめられるひとまとまりは副詞節とよばれ、「〜の」にはもはや名詞性が無いとされますが、本当に「のを」「のが」と、「のに」「ので」では、名詞性が異なるのでしょうか。

　この章では、名詞性を示すいくつかのテストを作例によって行います。それぞれの例の自然さについて内省判断することによって、「のを」「のが」の名詞性の有無を確かめてみたいと思います。

　「のが」「のを」の名詞性テストとしてレー・バン・クー

（1988）が挙げる三つ、①「が／の交替」テスト、②「並列助詞連結」テスト、③「とりたて助詞付加」テストに加え、④「連体修飾付加」テストについても検討してみます。難しそうに見えますが、どのテストも皆さんの内省で自然かどうかを判断できるものですので、一緒に検討してみましょう。

❦ 5.2　が／の交替

次の(1)aは、名詞「キッチンツール」の前に節「店員が渡す」が付き、「店員が渡すキッチンツール」という全体で名詞と同等の要素（名詞節）となり、「を」に続いています。このような名詞節の中に出てくる「が」は、(1)bが示すように、「の」に替えることができます。

(1) a　店員<u>が</u>渡すキッチンツールを自由に使ってください。
　　 b　店員<u>の</u>渡すキッチンツールを自由に使ってください。

このような現象を「が／の交替」と呼びます。名詞「キッチンツール」は具体的な意味を持ちますが、「の」のように具体的な意味がなくても、「が／の交替」は可能です。次の(2)は、「のを」を「ものを」に言い換えることができます。また、(3)は「のを」を「ものを」に言い換えることはできませんが、「～のを」が「見る・聞く」などの目的格であることがはっきりしています。つまり、(2)(3)はいずれも、

「～の」全体が名詞性を持つことが明らかな例です。このような「のを」の場合には、「の」がまとめる節「店が提供する」「飛行機が飛び立つ」の中に出てくる主格「が」を「の」に替えることができるのです。確かめてみましょう。

(2) a　キッチンツールは店が提供する**のを**自由に使えます。　　　　　　　　　　　　　　（ものの意味の「の」）
　　 b　キッチンツールは店の提供する**のを**自由に使えます。
(3) a　飛行機が飛び立つ**のを**見た。（明確な格の「のを」）
　　 b　飛行機の飛び立つ**のを**見た。

　レー・バン・クー（1988）は、この「が／の交替」のテストを接続助詞的な「のが」「のを」の文でも行いました。その結果、「のが」節・「のを」節中の「が」を「の」に替えると容認度が下がるとしました。そこで、これらの名詞性は希薄で、その「のが」「のを」は［名詞節＋の＋格助詞］ではなく、「のが」「のを」全体で一つの接続助詞になっているとしました。ただし、レー・バン・クー（1988）のこのテストは、すでに接続助詞として定着している「のに」「ので」と比べたものではありません。そこで、定着している接続助詞と同様に「のが」「のを」の文の容認度が下がるのか、本書で再考してみたいと思います。

　次の(4)aと(5)aは、「のが」の後に第二の「が」が現れており、本書で接続助詞的な「のが」と呼んできたものです。この「のが」の前に現れる主格の「が」を「の」に替え

ることはできるでしょうか。

(4) a 　<u>鍵盤をたたく指さきがこごえていた**のが**</u>、次第に感
　　　覚が戻ってきた。　　　　　　　（接続助詞的な「のが」）
(5) a 　二人に水泳を始めさせたら、<u>男児の方は小児喘息の
　　　気があった**のが**</u>、半年ほどで症状が消えてしまっ
　　　た。　　　　　　　　　　　　　（接続助詞的な「のが」）

　筆者には、どちらも「の」に替えることができるように感
じられます。次の(4)bと(5)bは、「が」を「の」に替えた
例文ですが、筆者にはそれほど不自然には感じられません。
いかがでしょうか。

(4) b 　<u>鍵盤をたたく指さきのこごえていた**のが**</u>、次第に感
　　　覚が戻ってきた。　　　　　　　（接続助詞的な「のが」）
(5) b 　二人に水泳を始めさせたら、<u>男児の方は小児喘息の
　　　気のあった**のが**</u>、半年ほどで症状が消えてしまっ
　　　た。　　　　　　　　　　　　　（接続助詞的な「のが」）

　接続助詞的な「のを」についても考察してみましょう。次
の(6)aは「のを」の後に第二の「を」があり、本書で接続
助詞的な「のを」の文と呼んだ例ですが、この「のを」の前
に出てくる「が」を「の」に替えた(6)bの自然さはどうで
しょうか。

(6) a 　社員が出て行こうとする**のを**、急いでドアを閉め
　　　 た。　　　　　　　　　　　　（接続助詞的な「のを」）

　　 b 　社員の出て行こうとする**のを**、急いでドアを閉め
　　　 た。　　　　　　　　　　　　（接続助詞的な「のを」）

　筆者には、どちらも「のを」の後に第二の「を」が出てく
るために不自然さはあるものの、(6)bのように「が」を
「の」にすることにより不自然さが際立つわけではないよう
に感じられます。

　他方、接続助詞として定着している「のに」「ので」の場
合はどうでしょうか。

(7) a 　鍵盤をたたく指さきがこごえていた**のに**、レッスン
　　　 を開始した。　　　　　　　　　（接続助詞「のに」）

　　 b?? 鍵盤をたたく指さきのこごえていた**のに**、レッス
　　　 ンを開始した。　　　　　　　　（接続助詞「のに」）

(8) a 　アドリアーナが送ってくれた**ので**、夜道が怖くなか
　　　 った。　　　　　　　　　　　　（接続助詞「ので」）

　　 b?? アドリアーナの送ってくれた**ので**、夜道が怖くな
　　　 かった。　　　　　　　　　　　（接続助詞「ので」）

　筆者には、接続助詞「のに」「ので」の場合には、下線部
の「が」を「の」に替えた文は接続助詞的な「のを」「の
が」の場合と比べるとかなり不自然で、「が／の交替」がで
きないと言ってもよいのではないかと感じられます。

　以上の結果から、接続助詞的な「のが」「のを」は「が／

の交替」が可能であるという点で接続助詞「のに」「ので」とは異なり、名詞性があると言えると思います。

❧ 5.3　並立助詞連結

　レー・バン・クー（1988）が挙げた、第二の名詞性テストについて考えてみます。次の例文が示すように、名詞節と名詞節は「と」で連結することができます。（9）は「母が作ったスープ」という名詞節と「姉が作ったサラダ」という名詞節が、「と」で連結されています。

（9）母が作ったスープと姉が作ったサラダを食べた。

　「の」も、「もの」に言い換えられる「の」や、明確な主格・目的格の「のが」「のを」の「の」は、「と」で連結することが可能です。

（10）私の目覚まし時計は祖母がくれたのと祖父がくれたのが机の上に並んで置いてある。（ものの意味の「の」）
（11）人々が大声で争っているのとパトカーがサイレンを鳴らして近づいてくるのが未明に聞こえた。
　　　　　　　　　　　　　　　　　（明確な格の「のが」）

　では、接続助詞的な「のが」「のを」の場合はどうでしょうか。筆者は、次の接続助詞的な「のが」「のを」の例（12）（13）などは、「と」で連結できると言ってもよいのではないかと思います。（「のを」の場合は「のが」の場合よ

148

りも容認度が落ちるように感じられますが）。皆さんの内省
ではいかがでしょうか。

（12）<u>36号線については、ドライバーの視点から渋滞への
不満が多かったの**と**</u>、近隣住民の視点から騒音の苦
情が多かった**のが**、新道の開通によってかなり意見
が改善された。　　　　　　　　（接続助詞的な「のが」）
（13）？<u>加害者が謝ろうとする**の**とその親が金を渡そうとす
る**のを**</u>、幸一は無愛想にドアを閉ざした。
　　　　　　　　　　　　　　　　（接続助詞的な「のを」）

　これらも、述語部分に第二の「が」や第二の「を」がくる
ために不自然ですが、「と」の連結に関しては、（13）に若
干不自然さを感じるものの、以下の接続助詞の「のに」「の
で」の例（14）（15）の不自然さと比べれば、「と」で連結可
能と言ってもよいのではないかと感じるのです。

（14）＊<u>36号線はドライバーの視点から渋滞への不満が多
かったの**と**</u>、近隣住民の視点から騒音の苦情が多か
った**のに**、当時の担当者は解決策を見いだせなかっ
た。　　　　　　　　　　　　　　（接続助詞「のに」）
（15）＊<u>36号線はドライバーの視点から渋滞への不満が多
かったの**と**</u>、近隣住民の視点から騒音の苦情が多か
った**ので**、当時の担当者は思い切った解決策を実施
した。　　　　　　　　　　　　　（接続助詞「ので」）

以上の結果からも、接続助詞的な「のが」「のを」は、接続助詞「のに」「ので」に比べれば名詞性があると言えるのではないかと思います。

✤ 5.4　とりたて助詞付加

　レー・バン・クー（1988）が挙げた、第三の名詞性テストを検証してみます。「具体的な名詞＋が」「具体的な名詞＋を」であれば、その具体的な名詞または格助詞の前後にとりたて助詞を付けることが可能です。

（16）あんなに反対していた伊東<u>まで</u>が、賛成に回った。

（17）海外の品物<u>ばかり</u>を、高値で売っている。

　「もの」に言い換えられる「の」や明確な主格・目的格の「のが」「のを」は、同様にとりたて助詞を付けることができます。

（18）<u>結婚式のために貯金していた**のまで**が</u>盗まれた。

（ものの意味の「の」）

（19）<u>リュックに目じるしの赤いビロードの布はしが結びつけてある**のまで**が</u>すっかり見られている。

（明確な格の「のが」）

（20）<u>海外で買った**のばかり**を</u>、高値で売っている。

（ものの意味の「の」）

（21）<u>花子が踊る**のばかり**を</u>、何度も見ている。

（明確な格の「のを」）

　では、接続助詞的な「のが」（＝(22)）・「のを」（＝(23)）
はどうでしょうか。また、接続助詞「のに」（＝(24)）「の
で」（＝(25)）はどうでしょうか。容認度を比較してみま
す。

(22) 自然災害の影響を受けにくい植物工場として、収穫
　　　量がいつも年1万トン程度に達していた**のまでが**、
　　　今年は8000トン程度と見込みが落ち込んでいる。

　　　　　　　　　　　　　　　　　　（接続助詞的な「のが」）

(23)？善意で手伝おうとする**のを**すら、無愛想に門を閉鎖
　　　した。　　　　　　　　　　　　（接続助詞的な「のを」）

(24)＊自然災害の影響を受けにくい植物工場として、収穫
　　　量がいつも年1万トン程度に達していた**のにまで**
　　　(のまでに)、今年は8000トン程度に落ち込んだ。

　　　　　　　　　　　　　　　　　　　　（接続助詞「のに」）

(25)＊自然災害の影響を受けにくい植物工場として、収穫
　　　量がいつも年1万トン程度に達していた**のでまで**
　　　(のまでで) 今年はさらに期待された。

　　　　　　　　　　　　　　　　　　　　（接続助詞「ので」）

　筆者の内省によれば、接続助詞的な「のが」は問題無くと
りたてることができると感じますし、「のを」も、「のに」
「ので」をとりたてた場合の不自然さからすれば、容認度は
上がるのではないかと感じます。つまり、このテストから
も、「のが」「のを」は、名詞性の点で「のに」「ので」とは
異なると言えると思うのです。

❧ 5.5 「の」節への連体修飾節付加

　名詞性のテストの四つ目として、「の」節に対する連体修飾ができるかどうかについても考えてみましょう。連体修飾とは、次の(26)のように、名詞の前に付いて後続の名詞の意味を限定したり情報を追加したりするものです。

(26) <u>たすきをかけた</u>選手が目の前を駆け抜けていった。

　まず、名詞性が高い「のが」「のを」から考えてみます。ものに言い換えられる「の」の節や、明確な格助詞「が」「を」の前の、「の」の節です。

(27) <u>安心していた、４基のエレベーターのうち一ヶ月前に点検した</u>**のが**、なぜか真っ先に壊れた。

(ものの意味の「の」)

(28) <u>使い古された、図書館にある</u>**のを**借りて使っている。

(ものの意味の「の」)

(29) <u>気がかりだった、主役が練習用の衣装を間違えて着ている</u>**のが**、案の定審査員に見つかった。

(明確な格の「のが」)

(30) <u>気がかりだった、主役が練習用の衣装を間違えて着ている</u>**のを**、案の定審査員に見つけられた。

(明確な格の「のを」)

　これらは、連体修飾の方法を用いずに「<u>安心していたのに</u>、４基のエレベーターのうち一ヶ月前に点検したのがなぜ

か真っ先に壊れた」とか、「気がかりだったが、主役が練習
用の衣装を間違えて着ているのを案の定審査員に見つけられ
た」と言った方が理解しやすく、自然に感じられますが、連
体修飾ができないとは言えません。

　では、接続助詞的な「のが」「のを」はどうでしょうか。

（31）気がかりだった、主役の衣装が黄ばんでいた**のが**、
　　　強力洗剤で洗濯してみたら、鮮やかに白さがよみが
　　　えった。　　　　　　　　　（接続助詞的な「のが」）

（32）誰もが微笑ましいと感じる、子どもが握手しようと
　　　する**のを**手を払いのけた。　（接続助詞的な「のを」）

　これらは、接続助詞的な「のが」「のを」の文自体、容認
度が落ちるので、（27）～（30）よりも不自然だと感じられ
ますが、連体修飾の付加は可能だと感じます。次の接続助詞
「のに」「ので」と比べれば、連体修飾の付加の容認度は高
いと言えるでしょう。

（33）*気がかりだった、主役の衣装が黄ばんでいた**のに**、
　　　強力洗剤で洗濯してみたら、鮮やかに白さがよみが
　　　えった。　　　　　　　　　　　（接続助詞「のに」）
（34）*気がかりだった、主役の衣装が黄ばんでいた**ので**、
　　　演出家は終始不機嫌だった。　　（接続助詞「ので」）

　以上、名詞性があるかどうかを四つのテスト①が／の交替

②並列助詞連結③とりたて助詞付加④連体修飾節付加の可否によって調べてみました。その結果、接続助詞「のに」「ので」はいずれもかなり不自然で、その「の」に名詞性が無いと言えることがわかりました。他方、接続助詞的な「のが」「のを」の場合は、「のに」「ので」のように全くの不自然とはならず、完全に名詞性を失って接続助詞になっているとは言いがたいことがわかりました。

🌱 5.6　第5章のまとめ

本章の要点は以下の通りです。

・逸脱的な「のが」の文・「のを」の文の「のが」・「のを」に名詞性があるかどうかを四つの名詞性テスト（①「が／の交替」②「並列助詞連結」③「とりたて助詞付加」④「連体修飾付加」）により考察した。
・いずれのテストでも接続助詞「のに」「ので」の文よりも容認度が高く、「のが」「のを」が接続助詞として定着しているわけではないことがわかった。

　本書では、接続助詞的な「のが」の節の文は、状態変化自動詞を述語とする《〈変遷〉自動詞構文》がベースとなるものと考えてきました。その「のが」節は変化の始発状態を表し、主格として述語と関係するのです。また、接続助詞的な「のを」の節の文は、状態変化他動詞を述語とする《〈対抗動作〉他動詞構文》がベースであると考えてきました。そして、その「のを」節は事態の自然な流れを表し、目的格とし

154

て述語と関係するわけです。このような考え方を、本章における接続助詞的な「のが」「のを」に名詞性があるという観察は支えてくれます。

　本章での考察は、四つの名詞性テスト、つまり、作例をした上でそれぞれの自然さを判断する内省判断調査により行いました。本章の四つの名詞性の特徴が入った実例を収集しようとしてもなかなか見つからないでしょう。しかし、作例した文どうしを比較して自然さの程度を明らかにすることにより、その微妙な質的な違いを見出すことができるのです。

【調べてみよう・考えてみよう】

1. 次の四種類の文について、本書に挙げた例文とは異なる例文を作って、四つの名詞性テストをやってみましょう。
・接続助詞的な「のが」の文
・接続助詞的な「のを」の文
・接続助詞「のに」の文
・接続助詞「ので」の文

2. 「〜ところが」「〜ところを」「〜ところに」「〜ところで」の実例を収集し、接続助詞・格助詞の性質が見られるか、考察してみましょう。

3. 逸脱的な特徴を持つ「〜ものが」の文・「〜ものを」の文はあるでしょうか。実例を収集してみましょう。収集できたら、「〜ものが」「〜ものを」の名詞性も考えてみましょう。

6章 文の理解と意味の創造
―類推とは何か

　本書は、誰もがごく普通に見聞きする文の中に文法規則が
潜んでいることを、読者の方にも実感してもらえるよう願っ
て執筆してきました。本書で大事にしてきたキーワードは、
「逸脱」「類推」「自然さに関する内省判断」「実例観察」「ベ
ースとなる構文」です。

　第6章では、本書全体の重要な論点を、補足しながらま
とめてみます。

❦ 6.1　ボトムアップ式情報処理とトップダウン式情報処理

　そもそも、文の意味はどのように理解されるのでしょう
か。すぐに思い浮かぶのは、文を構成する「私」「が」「空
襲」「で」「家」「を」「焼い」「た」といった要素のそれぞれ
の意味（実質的な意味や文法関係的な意味）を足し合わせ
て、文全体の意味を理解する方法です。この方法の重要さは
言うまでもありません。文を構成する要素の意味と、それら
をどのように構成したらどのような意味になるかに関する知
識を母語話者は既に持っており、それを用いて文の意味理解
がなされるものと思います。

　しかし、逸脱的な特徴を持つ文は、ある要素が欠けていた
り、変な要素が出現していたりするので、この方法だけだと

うまく理解できません。そこで、そのような場合にも文全体
の意味が理解できる、もう一つの方法が用いられていること
がわかります。それは、この文はこれこれの意味であるに違
いない、という全体的な意味の見込みが先に立ち、その全体
的な意味に見合うように、逆に文に欠けている要素、もしく
は変な要素に意味を与えていくというものです。仮に、前者
の意味理解の方法をボトムアップ式と言うならば、後者はト
ップダウン式と言えます。ノーマン（1978）によれば、
このような文解釈の場合に限らず、人間の情報処理には、ボ
トムアップ式の処理と、トップダウン式の処理の二つのタイ
プがあり、通常の情報処理ではこの両方が行われるというこ
とです。

　逸脱的な特徴を持つ文に限らず、通常、実際の言語理解の
場面では、聞き手はかなりのところ全体の意味に関する予測
を行っているものと考えられます。次に何がくるかという予
測に関する研究は寺村（1987）を始めとして古くから行
われてきましたが、本書では、わからない箇所のある文につ
いての意味の予測を考えたことになります。そしてそこで
は、ボトムアップ式の情報処理だけではなく、「類推」を用
いたトップダウン式の情報処理が行われていること、その
「類推」のベースとして、特定の構文が選択されていること
を述べました。

　これは、一般に人間が行う「類推」という思考活動を、文
の意味理解の際にも適用しているということです。

✿ 6.2　「類推」による創造的な意味理解

　鈴木（1996）によれば、類推とは「知りたいこと、あ
るいはよく知らないことをよく知っていることにたとえて考
えること」であり、「知っている事柄をよく知らない事柄に
当てはめて推論を行う」ことです。この「知りたいこと、あ
るいはまだよく知らないこと」は「ターゲットドメイン（あ
るいは単にターゲット）」と呼ばれ、「すでによく知ってい
ること」は「ベースドメイン（あるいは単にベース）」と呼
ばれます。また、「たとえる（当てはめる）」ということは、
ベースドメインの要素をターゲットドメインに写像するとい
うことです。

　よく知らないこと、わからないことを考える際に、既に知
っていることにたとえてみるとよく理解できるようになると
いう経験は、誰にでも日常的にあるでしょう。

　この点を実験で明らかにした研究があります。マリー・ジ
ックとキース・ホリオークは、ある問題を解く過程で類推を
用いるのと用いないのとでは理解にどのような差があるか
を、大学生を対象とした実験で明らかにしました。実験の結
果、問題を〈類推のベース無し〉で被験者に与えた場合に
は、10％の被験者しか正解にたどり着けませんでした。こ
れに対し、問題に類似した他の物語を事前に読ませ、それが
当該の問題のベースとして使えることを教えた、〈類推のベ
ース有り〉の場合には、75％の被験者が正解を導き出した
ということです（ホリオーク，サガード（1998）p.185）。
この実験は、未知の問題解決のために既存の知識をベースに
した類推がいかに有効であるかを示していると言えます。

　そして、ある文の意味を理解する場合にも、この、既存の知識をベースとした類推という思考活動が働いていると考えられます。例えば、次の文は「のを」の後に第二の「を」が現れ、「のを」の「を」が格助詞だとするとそれと結びつく動詞述語が後続に無く、また、不自然さも感じられる、逸脱的な文です。

（1）生徒たちが諦めようとする**のを**、先生たちは何度も激
　　 励メッセージを送った。

　こうした文の「のを」は、接続助詞「のに」のような意味も感じられることから、接続助詞に近づいていると言われることがあります。そのため、本書では接続助詞的な「のを」の文と呼び、考察してきました。この接続助詞的な「のを」の文は、「〜のを」の部分でこの後予測される事態の進展方向の意味が解釈され与えられます。また、「〜のを」の後続の言語形式からは、その予測される進行方向を遮ったり変えたりする、〈対抗動作〉の意味が解釈され与えられます。
　しかし、（1）の「のを」の後続には、「遮る・止める・阻む・変える」などの〈対抗動作〉の意味を表す他動詞が出てこないのに、なぜ、この意味を解釈できてしまうのでしょうか。この〈対抗動作〉という意味は、どこから生じてくるのでしょうか。
　本書では、この場合の〈対抗動作〉の意味は、「のを」の後続に言語形式としては現れていない他動詞の代わりとして、創造的に解釈された意味だと述べました。いわば〈臨時

的な他動詞〉を創造してしまうのです。この〈臨時的な他動詞〉相当の意味を解釈できるのは、類推の力です。

　よくわからない文である接続助詞的な「のを」の文は、類似した特徴を手がかりとして、よく知っている〈対抗動作〉の他動詞構文に所属するものと見立て、〈対抗動作〉の他動詞構文の持つ構文的意味〈ある方向を遮ったり変化させたりする対抗動作〉を写像します。そのことにより、「先生たちは何度も激励メッセージを送った」という逸脱的な部分に対して「（生徒たちが諦めようとするのを）阻止した」といった、〈臨時的な他動詞〉相当の意味を創造するのです。

　同様に、次のような「のが」の文も、逸脱的特徴を持ち、本書ではそれらを接続助詞的な「のが」の文と呼んできました。

（2）Ｈ氏は宗教詩人に過ぎないと考えられていた**のが**、再評価が高い。

　このような文も、〈変遷〉自動詞構文がベースだと見込み、その構文的意味である〈ある状態が異なる状態に変化する変遷〉の意味を当てはめて、「再評価が高い」の部分を〈高く再評価されるように変化した〉と創造的に解釈しているのです。

⚘ 6.3　自他対応する接続助詞的な「のを」の文と「のが」の文

　接続助詞的な「のを」の文の類推のベースとなる構文は、

《〈対抗動作〉他動詞構文》という、〈状態変化他動詞〉の他動詞構文でした。また、接続助詞的な「のが」の文の類推のベースは、《〈変遷〉自動詞構文》という、〈状態変化自動詞〉の自動詞構文でした。

　興味深いことに、接続助詞的な「のを」の文は他動詞文が持つ〈他者の状態変化を起こす〉意味、接続助詞的な「のが」の文は自動詞文が持つ〈自ら状態変化する〉意味を基にして創造的に解釈する、双子のような二つの逸脱文ということになります。

　日本語の他動詞と自動詞には、「焼く・焼ける」「壊す・壊れる」「暖める・暖まる」のように形の上で共通点を持ち、以下のような文法的な対応をするペアがたくさんあります。

(3) a　料理長が肉を焼く。
　　 b　肉が焼ける。
(4) a　犬が塀を壊す。
　　 b　塀が壊れる

　このように、日本語には、〈他者の状態変化を起こす〉意味の他動詞と〈自ら状態変化する〉意味の自動詞の「自他対応」がたくさんあるのです。

　しかし、本書で見たように、以上のような個々の動詞のレベルではなく、構文のレベルで、〈状態変化他動詞構文〉と〈状態変化自動詞構文〉が「逸脱的特徴を持ち接続助詞的な意味を表す用法」を拡張していきます。このような拡張が自

他対応しているのは、とても興味深いことだと思います。

　この二つの自他構文に、同じような逸脱的特徴を持つ文が生まれていることは偶然ではないかもしれません。つまり、一つの拡張パターンが、共通して〈状態変化〉の意味を持つ二つの自他両構文に同様に適用された結果だと考えることはできないでしょうか。その拡張パターンとは、以下のようなものです。

■逸脱的な「のを」「のが」の文の拡張パターン
①〈状態変化〉の抽象的意味だけを元となる構文から引き継ぎ、〈状態変化〉動詞ではない述語を臨時的に用いる。そのことにより、構文から引き継いだ意味に、具体的な状態変化の意味を加え、情報を増加させるという拡張。
②その臨時的な述語の使用の結果、「のを」「のが」と見かけの述語との格関係の結びつきが無くなる。そのことにより、「のを」「のが」節で表される事態と、後続の臨時的な述語部分で表される事態との二つの関係が、逆接的な接続関係にあるとの解釈がしやすくなるという拡張。

　では、なぜ、〈状態変化〉動詞文にこのような拡張が起こるのでしょうか。本書の第3章では、逸脱的な「のを」の文について考えてみました。「のを」を取り得る他動詞のうち、この逸脱を許すのは〈状態変化〉の他動詞のうちの〈対抗動作〉を表す他動詞のみです。その他の「のを」をとり得る他動詞「見る・待つ・感じる・喜ぶ」等は〈動作〉他動詞で、さらなる意味の抽象化ができないと考えました。

　つまり、「遮る・とどめる・止める」等の〈対抗動作〉他動詞は、〈動きの方向を変える〉といった抽象的な意味を表すために、その他動詞に替えて様々な述語を用いることが可能だけれども、「見る」などの〈動作〉他動詞はそれができないと考えたのです。

　では、逸脱的な「のが」の文についても同様の説明ができるでしょうか。まず、「のが」をとり得る自動詞は、工藤（1985）の記述から抽出すると以下のようなものとなります。

■「のが」をとる自動詞（工藤（1985）より）
（ⅰ）感覚動詞…見える・聞こえる等
（ⅱ）動作性動詞…遅れる・止まる・やむ等
（ⅲ）認知動詞…知れる・分かる・気づく等
（ⅳ）態度動詞…気になる等

　本書では、これに、「（ⅴ）状態変化動詞」を加えたことになります。ただし、これら状態変化自動詞の「のが」の文は、内省判断調査では容認度が若干低くなることも述べ、拡張段階のⅡ段階目にあるという仮説を提示しました。もしかしたら、（ⅴ）は、「〜のが見える」とか「〜のが止まる」など工藤（1985）が指摘した「のが」をとる自動詞の文と同等に並べられないものなのかもしれません。これは今後考えていきたい課題です。

■「のが」をとる自動詞（本書の提案）

（ⅴ）状態変化動詞…なる・変化する・悪化する・変る等

　さて、（ⅰ）～（ⅴ）のうち、逸脱的な「のが」の文を作り出すのは、工藤（1985）の（ⅱ）動作性動詞「遅れる・止まる・やむ」と本書で追加した（ⅴ）状態変化動詞だけだと思います。逸脱的な「のが」の文で、これ以外の動詞、つまり（ⅰ）（ⅲ）（ⅳ）の動詞の意味に解釈できる実例は収集できていませんし、作例も困難です。

（5）数分おきに家全体が振動するのが、工事終了とともに
　　　<u>止まった</u>。　　　（工藤（1985）の（ⅱ）動作性動詞）
（6）数分おきに家全体が振動するのが、工事終了とともに
　　　<u>部屋に干した洗濯物も（が）全く揺れなくなった</u>。
　　　　　　　　　　　　　　　　　　（逸脱的な「のが」の文）
（7）シリアの緊迫していたのが、悪化した。
　　　　　　　　　　　　　　　　　　（（ⅴ）状態変化動詞）
（8）シリアの緊迫していたのが、<u>渡航禁止令が出された</u>。
　　　　　　　　　　　　　　　　　　（逸脱的な「のが」の文）

　逸脱的な「のが」の文を作る一つの自動詞グループは、工藤（1985）の（ⅱ）「動作性動詞」「遅れる・止まる・やむ」です。これは、「～のが」の部分で事態の継続する方向が示されており、動詞述語部分でその方向が自然とキャンセルされることを示すものです。従って、これらは、逸脱的な「のを」の文のベースとなる構文の〈対抗動作〉他動詞と意

味的に対応する自動詞と言えるでしょう。工藤（1985）
の観点では「動作性動詞」とされていますが、本書では状態
変化動詞に含まれるものとしたいと思います。そうすると、
逸脱的な「のが」の文を作る自動詞グループは、（ⅱ）（ⅴ）
のいずれも状態変化自動詞ということになります。

　「のが」の文を作るその他の「見える・聞こえる・知れ
る・分かる・気になる」などの動詞は、逸脱的な「のが」の
文を作りません。これらは、逸脱的な「のを」の文を作らな
かった「見る・待つ・感じる・喜ぶ」などの他動詞と同様、
具体的な主体の身体的・心情的な動きを表す動詞であること
がわかります。これらは、ここでは本書第3章で他動詞に
ついて説明したのと同様に、意味の抽象化ができず、他の
様々な述語に替えてしまうことができないのだと考えてみた
いと思います。

　このように、〈状態変化〉動詞文が〈動作〉動詞文に比べ
て、その表す意味の特徴によって多様な用法を拡張させてい
るということは、今後も考察していきたい問題です。

✿ 6.4　容認度とベースの構文との距離

　本書では、接続助詞的な「のを」の文・「のが」の文の容
認度は一様ではなく、ベースとなる構文の特徴を持たず隔た
りが大きいほど低くなることを観察してきました。例えば、
接続助詞的な「のを」の文・「のが」の文は、他動詞構文・
自動詞構文という、いずれも動的事象を表す構文をベースと
するため、動的事象を基本的には表さない形容詞や［名詞＋
だ］が述語の場合だと、そうでない場合に比べて極端に容認

度は低くなりました。

　さらに「のを」の文の場合、動的事象を表す自動詞であっても、意図的な動作の引き起こし手の意味があるかないかで容認度は異なりました。以下の(11)(12)はいずれも自動詞ですが、(11)の「溶ける」のように意図的動作の無い述語の場合は容認度がきわめて低く、(12)の「働く」のように意図的な動作の意味のある述語の場合には、逸脱的特徴の何ら無い(13)よりは低いものの、「溶ける」よりは高かったのです。

(9)(0)　　　　４月な**のを**、とても<u>寒い</u>。

(10)(0.01)　彼は教師な**のを**、<u>麻薬常習者だ</u>。

(11)(0.09)　写真に撮りたかった**のを**、氷の彫刻が日射しで<u>溶けてしまった</u>。

(12)(0.68)　ほんとうは五年制だった女学校を四年で卒業になり、おまけに入学が決まっていた東京の学校が三月の空襲で焼けて自宅待機ということだった**のを**、ちょうど家の近くに疎開して来た、<ruby>療品廠<rt>りょうひんしょう</rt></ruby>という海軍の医療品をあつかう部門で四月から<u>働く</u>ことになっていたからだった。　　　　　　　　　（「ヴェネツィア」）

(13)(1.97)　セールスマンが中に入ろうとする**のを**、なんとか<u>制止する</u>ことができた。

グラフ1　「のを」文の容認度調査結果

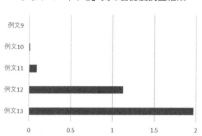

　逸脱的特徴を持つ文の容認度を左右する要因は他にも考えられますが、ベースとなる構文と隔たるほどに容認度が下がるということは言えるでしょう。

♆ 6.5　構文の意味と要素の意味

　本書では、慣習によりある文形式全体に特定の意味が固定化している場合、その文を「構文」、その特定の意味を「構文的意味」と呼びました。本書で構文と明示したのは、例えば《〈対抗動作〉他動詞構文》や《〈変遷〉自動詞構文》です。この二つは、逸脱的な特徴を持つ文の意味を理解するためのベースとなるくらい、文の形と文全体の意味が固定化していると考えました。

　しかし、逸脱的な特徴を持つ文の意味理解に限らず、私たちは構文の形と意味に関する文法的知識を用いて、日常的に文の意味理解をしていると思います。

　文を構成する要素の意味に関する知識ももちろん文の意味理解に貢献します。しかし、実はその要素がどのような意味であるかは、用いられる状況、文脈、構文によって確定して

いくものと思われます。ここでは、構文が要素の意味に特徴を与える場合を考えてみます。例えば次の(14)(15)の「エスカレーター」は同じ要素ですがそれぞれの文の中で表す意味内容が異なります。

(14) エスカレーターを2階で降りる。
(15) エスカレーターを歩いて降りる。

　(14)は「レッスンに毎週通っていたのを3月でやめる」「15回開講するはずだったのを10回で打ち切る」などと同じく、〈対抗動作〉の他動詞構文に所属する文だと見込まれます。この構文では、「～を」は予測される自然な方向の意味を表し、述語がその自然な方向を遮ったり変えたりすることを表します。そのため、(14)は動いているエスカレーターに乗り移動する動きが継続しているが、その継続している方向を遮って、2階で降りたという意味に解釈されるのです。つまり、(14)の「エスカレーター」は動いている乗り物という特徴が構文により与えられると思います。

　それに対して、(15)は「階段を走って降りる」「山道を杖をつきながら登る」などと同じく、〈移動動作〉の動詞構文とでも言えるような構文に所属する文だと見込まれるでしょう。そして、その意味に見合うように、「エスカレーター」は「階段」や「山道」と同じカテゴリーの、移動場所（経路）として解釈されます。この場合「エスカレーター」が動いている必要はありません。

　このように、私たちは要素の意味をボトムアップ式に足し

合わせるときにも、トップダウン式の処理の仕方—文全体の
関係の中で、個々の要素がどのような役割を果たしているか
を見定める方式—も用いていると考えられるのです。

　もう一つ、トップダウン式に意味が解釈される例を挙げて
みます。本書では、働きかけの意味を表さない状態変化他動
詞文と二重主格文とが似た意味を持つ場合があることを述べ
ました。次の（16）は他動詞文ながら「篠田」が動きの引き
起こし手ではなく、状態変化した主体で、働きかけの意味の
無い他動詞文と言えるものです。（17）は、述語が自動詞の
文ですが、（16）とよく似た意味を持ちます。（17）は「篠
田が」「家が」と二つの主格を持つ二重主格文でした。

（16）篠田が、森林火災の延焼で家を焼いた。
（17）篠田が、森林火災の延焼で家が焼けた。

　ここで注目したいのは、「篠田」と「家」との密接な意味
関係です。どちらも、「篠田の家」と言い換えられるよう
な、所有者と所属物といった密接な関係が感じられます。し
かし、こうした密接な関係は〈どの名詞とどの名詞の間にあ
るのか〉を、文とは切り離された要素の意味の問題としてあ
らかじめ記述し尽くすことはできません。例えば、「頭・
手・足」などの身体部位を表す名詞の場合には、身体全体を
表す名詞との間に緊密な関係があることをあらかじめ記述す
ることは、やろうと思えばできるでしょう。しかし、例えば
「現代美術館」という名詞がどのような名詞との間に密接な
関係を持つかをあらかじめ記述し尽くすことはできません。

そうであっても、次のような文の中に出てくれば、「篠田」と「現代美術館」は、〈篠田と重要な関わりを持った現代美術館〉という密接な関係があるものとして解釈されるはずです。

（18）篠田は、森林火災の延焼で現代美術館を焼いた。
（19）篠田は、森林火災の延焼で現代美術館が焼けた。

　なぜ〈篠田と重要な関わりを持った現代美術館〉という解釈がなされるのでしょうか。それは、（18）で言えば、働きかけの無い状態変化他動詞文の鋳型を用いて、現代美術館が焼けてしまった変化が、篠田自体の状態変化を表すようなものであるはずだという全体の意味が見込まれるからです。そのために、篠田は現代美術館の設立者であるとか経営者であるとかで、その消失が篠田自体の状態にも変化を及ぼすような密接な意味を、創造的に解釈するのです。同様に、（19）は、性質・特徴・状態をあらわす［〜が＋名詞述語］文の述語部分が、「森林火災の延焼で現代美術館が焼けた」であると見込まれるでしょう。そこから、「森林火災の延焼で現代美術館が焼けた」ということが「篠田」の性質を表す意味となるように、「篠田」と「現代美術館」の間に密接な関係の意味を解釈するのです。
　つまり、ここでの密接な関係とは、その文がベースとする構文の意味に見合うように創造的に解釈される意味だということです。従って、同じように密接な関係と言っても、（18）は篠田の状態変化が解釈できるような意味として、（19）は

篠田の性質が解釈できるような意味として創造される、異なる意味なのです。

♆ 6.6　第 6 章のまとめ

　第 6 章は、本書で述べてきたことを補足しながらまとめました。本書では、母語話者が日常の言語使用によって習得している構文の形と意味についての文法的知識が、実際の文の意味理解に貢献しているということを述べました。この章では、そのことを確認し、今後の課題にも言及しました。

　本書では、文の形と意味の結びつきに関する規則とはどのようなものなのかを、まず、日本語の受身文や使役文、他動詞文などを対象として考察しました。こうした文法的知識を、実は母語話者は、日常の言語使用の中で既に身につけています。そして、様々な逸脱的な特徴を持つ文を意味理解することが示すように、母語話者は、こうした文法的知識を、日常の様々な言語使用場面で柔軟に用い、創造的なコミュニケーションを行っているのです。

　自由で豊かなコミュニケーション活動を支える文法的知識を、実例観察や内省判断などを用いて発見するのが文法研究です。しかし、文法的知識は、文だけの考察ではすまず、文脈、状況、社会的な慣習などにも関わり、隣接研究分野との研究交流も必要です。多様な観点からことばに興味を持つ多くの方々とともに、文法研究はさらに発展させていけるものと思っています。

引用文献・おすすめの文献

🜛 1. 本書で引用した文献・基になった文献

第 1 章　文法的に文の意味を考えるとは

菊地康人（1994）『敬語』角川書店

菊地康人（1997）「変わりゆく「させていただく」」『言語』26（6），大修館書店，pp.40-47

工藤真由美（1985）「ノ、コトの使い分けと動詞の種類」『国文学解釈と鑑賞』50（3），至文堂，pp.45-52

久野暲（1973）『日本文法研究』大修館書店

天野みどり（2022）「現代日本語文法研究の二つのアプローチに関する考察」『大妻国文』53，大妻国文学会，pp.1-16

参考サイト

文化庁国語課「令和2年度「国語に関する世論調査」の結果の概要」

https://www.bunka.go.jp/tokei_hakusho_shuppan/tokeichosa/kokugo_yoronchosa/pdf/93398901_01.pdf（最終閲覧日 2022.1.16）

国立国語研究所 https://www.ninjal.ac.jp/

第 2 章　自動詞文・他動詞文・受身文・使役文の意味

柴谷方良（1978）『日本語の分析』大修館書店

三上章（1953）『現代語法序説』刀江書院（復刻版（1972）くろしお出版）

益岡隆志（1987）『命題の文法―日本語文法序説―』くろしお出版

寺村秀夫（1982）『日本語のシンタクスと意味Ⅰ』くろしお出版

天野みどり（1987）「状態変化主体の他動詞構文」『国語学』151，日本語学会，pp.1-14

天野みどり（1990）「複主格文考―複主格文の意味と、成立にかかわる意味的制約―」『日本語学』9（5），明治書院，pp.27-42

天野みどり（2002）『文の理解と意味の創造』笠間書院

天野みどり（2006）「文内情報完結度の多様性―「AがBだ」と「XはYがZだ」文の差異」『現代日本語文法　現象と理論のインタラクション』ひつじ書房，pp.3-22

第３章　逸脱的な「のを」の文

工藤真由美（1985）「ノ、コトの使い分けと動詞の種類」『国文学解釈と鑑賞』50（3），至文堂，pp.45-52

ウェスリー・ヤコブセン（1989）「他動性とプロトタイプ論」『日本語学の新展開』くろしお出版，pp.213-248

寺村秀夫（1978）「「トコロ」の意味と機能」『語文』34，大阪大学文学部国文科（寺村秀夫（1992）『寺村秀夫論文集Ⅰ日本語文法篇』所収，くろしお出版，pp.321-336）

レーバンクー（1988）『「の」による文埋め込みの構造と表

現の機能』くろしお出版

天野みどり（2010）「現代語の接続助詞的なヲの文について―推論による拡張他動性の解釈―」『日本語文法』10
（2），日本語文法学会，pp.76-92

天野みどり（2011）『日本語構文の意味と類推拡張』笠間書院

第4章　逸脱的な「のが」の文

レーバンクー（1988）『「の」による文埋め込みの構造と表現の機能』くろしお出版

天野みどり（2014）「接続助詞的な「のが」の節の文」益岡隆志・大島資生・橋本修・堀江薫・前田直子・丸山岳彦編『日本語複文構文の研究』ひつじ書房，pp.25-54

天野みどり（2015a）「逸脱文の意味と推論」『日本語語用論フォーラム1』ひつじ書房，pp.101-122

天野みどり（2015b）「格助詞から接続詞への拡張について―「が」「のが」「それが」―」『文章・談話研究と日本語教育の接点』くろしお出版，pp.99-118

第5章　「のが・のを」と「のに・ので」の違い―名詞性

レーバンクー（1988）『「の」による文埋め込みの構造と表現の機能』くろしお出版

天野みどり（2014）「接続助詞的な「のが」の節の文」益岡隆志・大島資生・橋本修・堀江薫・前田直子・丸山岳彦編『日本語複文構文の研究』ひつじ書房，pp.25-54

第6章　文の理解と意味の創造─類推とは何か

ノーマン，D. A.（1978）『記憶の科学』富田達彦他訳、紀伊国屋書店（Norman, D. A.（1976）Memory and Attention. New York : John Wiley and Sons. Inc.）

寺村秀夫（1987）「聴き取りにおける予測能力と文法的知識」『日本語学』3（6），明治書院，pp.56-68

鈴木宏昭（1996）『類似と思考』共立出版（鈴木宏昭（2020）『類似と思考　改訂版』ちくま学芸文庫）

キース・J・ホリオーク、ポール・サガード（1998）『アナロジーの力』鈴木宏昭監訳、新曜社（Holyoak, K. J. & Thagard, P.（1995）Mental Leaps : Analogy in Creative Thought. Cambridge, MA : MIT Press.）

工藤真由美（1985）「ノ、コトの使い分けと動詞の種類」『国文学解釈と鑑賞』50（3），至文堂，pp.45-52

天野みどり（2002）『文の理解と意味の創造』笠間書院

天野みどり（2011）『日本語構文の意味と類推拡張』笠間書院

❦ 2. 本書の内容に関連するおすすめの文献

■日本語文法論の入門書

○野田尚史（1991）『はじめての人の日本語文法』くろしお出版

　とてもわかりやすく、楽しく読み進めながら日本語文法の謎を解き明かしていける入門書です。

○益岡隆志・田窪行則（1992）『基礎日本語文法・改訂版』くろしお出版

まさに「基礎」として押さえておきたい事項がコンパクト
に解説されている書です。
○山田敏弘（2004）『国語教師が知っておきたい日本語文
　法』くろしお出版
　知識だけの学校文法から考える文法へと誘う書です。日本
語文法研究の社会への貢献も考えさせられます。
■日本語文法研究成果全体を学ぶ書
○日本語記述文法研究会編（2003 ～ 2010）『現代日本
　語文法』1 ～ 7、くろしお出版
　総論から格、ヴォイス、とりたて、主題、談話など、様々
な分野に分けて文法研究の成果を記述する書です。
○日本語文法学会編（2014）『日本語文法事典』大修館書
　店
　複数の研究者が執筆する事項も多数あり、立場により異な
る文法論があることも学べる書です。
■日本語文法研究のアプローチ法を学ぶ書
○久野暲（1973）『日本文法研究』大修館書店
　内省判断を用いて、日本語の様々な文のちょっとした意味
の違いや用法の違いを、著者とともに考えられる書です。
○寺村秀夫（1982）『日本語のシンタクスと意味 I』くろ
　しお出版
　たくさんの実例に基づき、日本語の母語話者の言語運用能
力がどのようなものかを追究し続けた著者の考え方が学べる
書です。序章から読むことをおすすめします。
■「構文」についてさらに詳しく学びたい方に
○益岡隆志（2013）『構文意味論』くろしお出版

「構文」とは何かについてさらに深く考えたい方におすすめします。著者の考え方がわかりやすく述べられ、その考え方に基づいて、様々な構文の考察が行われています。

○天野みどり・早瀬尚子編（2017）『構文の意味と拡がり』くろしお出版

「構文」と一口に言っても、その考え方は多様であることが学べる書です。日本語学・英語学・言語学の広い分野から具体的な「構文」が考察されており、初学者にもわかりやすいと思います。

○天野みどり・早瀬尚子編（2021）『構文と主観性』くろしお出版

言語の表す「主観性」について、「構文」との関係でどのように考察されてきたか・されているかが学べる書です。言語の歴史的変化の観点からの論考も含まれています。

○アデル・E. ゴールドバーグ（著）、木原恵美子・巽智子・濱野寛子（訳）（2021）『言えそうなのに言わないのはなぜか―構文の制約と創造性』ひつじ書房

英語を対象として「構文」の研究を進めている著者の、初学者向け書の翻訳です。ある文を見聞きする経験によって、意味や文法だけでなく、社会的文脈（どのような場面・状況・媒体・文化等で使用されるか）など多様な情報が記憶として重ねられると著者は言います。そして、「構文」はその中から生まれるという考え方が示されています。隣接領域の心理言語学の実験結果も多く、構文研究の深さと広さが学べる書です。

■文法論と、語用論や談話文法論との架け橋となる書

○加藤重広（2013）『日本語統語特性論』北海道大学出版会

　統語語用論という、文法論と語用論を合わせたような考え方を提唱する著者による、ダイナミックな分析が学べる書です。

○砂川有里子（2004）『文法と談話の接点―日本語の談話における主題展開機能の研究―』くろしお出版

　会話やテクストの文脈・場面を加味した分析を行い、文だけを注目して分析する文法論の研究成果を、改めて問い直す書です。

例文出典

「地図」須賀敦子『地図のない道』新潮文庫 2002 ／「ヴェネツィア」須賀敦子『ヴェネツィアの宿』白水 U ブックス 2001 ／「女社長」赤川次郎『女社長に乾杯！』新潮文庫の 100 冊 CDR 版／「焼跡」石川淳『焼跡のイエス／処女懐胎』新潮文庫の 100 冊 CDR 版／「世界」福岡伸一『世界は分けてもわからない』講談社現代新書 2009 ／「本に」須賀敦子『本に読まれて』中公文庫 2001 ／「患者」『朝日新聞』「患者を生きる」2011.7.13 ／「縦横」村田喜代子『縦横無尽の文章レッスン』朝日新聞出版 2011 ／「トリエステ」須賀敦子『トリエステの坂道』新潮文庫 1998

■本書は JSPS 科研費（課題番号 63790077・21520484・25370527・16K02735・20K00634）の助成を受けた研究の成果が含まれています。

おわりに

　息子が４歳の時、ドラえもんの映画『のび太の恐竜2006』を見て「この映画は前に見た映画に似ている」と言いました。当時息子には自宅で様々な映画を見せていました。その中の何と似ていると感じたのでしょう。恐竜が出てくるので『ダイナソー』か？『ジェラシック・パーク』か？と聞いてみましたが違いました。『E.T.』だったのです。

　『E.T.』には恐竜は出てきません。しかし、その物語の構造には驚くほどの類似性があることに気づかされます。『のび太の恐竜2006』では、白亜紀の恐竜の卵を現代に孵化させ育てるうち、大人たちに知られ大騒動となってしまいます。のび太ら子どもたちは様々な試練と闘いながら恐竜を守り、最後には、元の時空間に無事に帰してやります。のび太たちと恐竜の最後の別れの場面が印象的な映画です。この、「異なる時代からやってきた恐竜」が『E.T.』では「宇宙からやってきた地球外生物」に置き換えられるように、それぞれの映画で具体的「要素」は異なりますが、その要素の関係性、物語全体の骨格〈異生物を大人から守り、数々の試練と闘いながら元の生息地にもどし、深い友情を築いた末に別れを迎える子どもたちの冒険〉は共通しています。

　このような、個々の要素は違うのに、要素間の関係性や全体の構造について「似ている」と認識する能力は、幼児の頃

から身についているのだと思い知らされた体験でした。

　個々の具体的事態を抽象化し骨格をつかむ方策、その骨格を一つのパターンとして認識し、他の具体的事態にも当てはめて理解する方策は、具体的な場面で用いられる言語の意味を理解するのにも用いられているということを本書では述べてきました。

　本書の「はじめに」では、慣習によりパターン化された思考枠は、時として誤った思い込みを生んだり、自由であろうとする心を押さえつけたりする桎梏にもなりかねないと述べました。しかし、そのようなマイナスのパターン化がある一方で、私たちが生きていく上でプラスに働く種類のパターン化もあることを予告しました。本書では、そのプラスの場合の一端として、構文という、文の形全体に慣習的に意味が結びついているまとまりは、実際の文の意味理解に「鋳型」（類推のベース）として貢献し、よくわからない文、逸脱的な特徴がある文の意味理解を助けていることを述べました。

　さらに、鋳型を用いた言語使用は、意味を理解する側にとってプラスなだけではなく、文を作り出す側にとってもプラスの点があることも述べました。「断ろうとするのを遮った」と言うのではなく、「断ろうとするのをグラスを満たした」と言えば、その遮る行為がグラスに並々と酒を注ぐことによりなされているのだと具体的に伝えることができます。構文の意味と、実際に述べる「グラスを満たす」の表す意味の両方を伝えることができるのです。

　また、「はじめに」では、言語形式の意味である〈文の意味〉と言語の形式には現れていないけれども推論される〈発

話の意味〉とを分け、本書では前者を考察していくと述べました。ただし、両者は明確には切り分けられないとも述べました。本書で明らかにしたように、〈文の意味〉の理解にも推論は働いています。逸脱的な特徴を持たない文においても、構文の鋳型を用いたトップダウン式の処理は、ボトムアップ式の処理とともに行われているのです。

　私たちが言語を使用するとき、話し手と聞き手の双方ともに類推が可能だということは間違いなく織り込み済みだと思います。類推の能力があるからこそ、多少省略したり言い間違えたりしても意味理解してもらえるし、あえて逸脱してちょっと面白い文を作ってみるなどの柔軟な言語活動も可能になっているのだと思います。

　そして、その類推を可能にしているベースの一つが、慣習化された「構文の形と意味」に関する文法的知識なのです。今後も、内省判断と実例観察を通して、文法的知識について様々に考えていきたいと思います。

　本書は、勤務校および他大学の多くの学生の方々にご協力いただいた調査や意見交換が基になっています。心よりお礼申し上げます。また、このような執筆の機会を与えてくださった岸本秀樹先生、さんどゆみこさんに感謝申し上げます。特に、岸本秀樹先生にはわかりやすい表現へのご助言をたくさんいただき、大変お世話になりました。さらに、神戸大学の岩橋咲耶さん・高橋海愛さんには最終稿を入念にチェックいただき、よりよい文章にすることができました。日本語文法論にあまり接する機会の無い読者の方が最後まで読んでくださったとしたら、間違いなく岸本先生と神戸大学の岩橋さ

ん・高橋さんのおかげです。

　この本によって日本語の文法論の楽しさが少しでもお伝え
できていれば幸いです。

2022 年 10 月 30 日
天野みどり

著者紹介

天野 みどり

筑波大学博士課程大学院文芸言語研究科、その後、同大学より博士（言語学）取得。新潟大学、和光大学を経て、現在、大妻女子大学文学部教授。専門は、日本語学（文法論）。
著書に『文の理解と意味の創造』（笠間書院、2002）、『日本語構文の意味と類推拡張』（笠間書院、2011）など。

日本語の逸脱文
〜枠からはみ出た型破りな文法〜

──────────────────────────────

2023 年 2 月 11 日　第 1 刷発行

著　者────天野みどり

発行者────㈱　教養検定会議　さんどゆみこ
　　　　　　東京都世田谷区松原 5−42−3
　　　　　　https://la-kentei.com/

学内協力（神戸大学）

編集補助──高橋海愛・岩橋咲耶

印刷・製本──シナノ書籍印刷株式会社　　装丁──植木祥子

──────────────────────────────